ཆོས་ཀྱི་འཁོར་ལོའི་མདོ།

།།རྒྱ་གར་སྐད་དུ། རྨ་ཙ་བྱ་སུ་ཏྲ། བོད་སྐད་དུ། ཆོས་ཀྱི་འཁོར་ལོའི་མདོ། ཐམས་ཅད་མཁྱེན་པ་ལ་ཕྱག་འཚལ་ལོ། །འདི་སྐད་བདག་གིས་ཐོས་པའི་དུས་གཅིག་ན། བཅོམ་ལྡན་འདས་བཱ་རཱ་ཎ་སཱི་དྲང་སྲོང་ལྷུང་བའི་རི་དགས་ཀྱི་ནགས་ན་བཞུགས་ཏེ། དེ་ནས་བཅོམ་ལྡན་འདས་ཀྱིས་ལྔ་སྡེ་དགེ་སློང་རྣམས་ལ་བཀའ་སྩལ་པ། དགེ་སློང་དག །ང་ཕྱིན་མ་ཡོས་པའི་ཆོས་རྣམས་ལ། འདི་ནི་སྡུག་བསྔལ་འཕགས་པའི་བདེན་པའི་ཤེས་ཆུལ་བཟིན་ཡིན་ལ་བྱེད་པ་ན་མིག་སྐྱེས་སོ། །ཤེས་པ་དང་། རིག་པ་དང་། བློ་དང་། རྟོགས་པ་སྐྱེས་སོ། །དགེ་སློང་དག །ང་སྡུག་མ་གོས་པའི་ཆོས་རྣམས་ལ། འདི་ནི་སྡུག་བསྔལ་ལོ། །འདི་ནི་སྡུག་བསྔལ་ཀུན་འབྱུང་བོ། །འདི་ནི་སྡུག་བསྔལ་འགོག་པ་འོ། །འདི་ནི་སྡུག་བསྔལ་འགོག་པར་འགྲོ་བའི་ལམ་མོ་ཞེས་ཆུལ་བཟིན་ཡིན་ད་བྱེད་པ་ན་མིག་སྐྱེས་སོ། །ཤེས་པ་དང་། རིག་པ་དང་། བློ་དང་། རྟོགས་པ་སྐྱེས་སོ། །དགེ་སློང་དག །ང་སྡུག་མ་གོས་པའི་ཆོས་རྣམས་ལ་སྤུག་བསྒལ་འཕགས་པའི་བདེན་པ་དེ་ང་ས་མངོན་པར་ཤེས་པར་འོངས་སུ་ཤེས་པར་བྱའི་ཞིས་ཆུལ་བཟིན་ཡིན་ལ་བྱེད་པ་ན་མིག་སྐྱེས་སོ། །ཤེས་པ་དང་། རིག་པ་དང་། བློ་དང་། རྟོགས་པ་སྐྱེས་སོ། །དགེ་སློང་དག །ང་སྡུག་མ་གོས་པའི་ཆོས་རྣམས་ལ་སྤུག་བསྒལ་ཀུན་འབྱུང་བ་འཕགས་པའི་བདེན་པ་དེ་ང་ས་མངོན་པར་ཤེས་པས་སྤུང་བར་བྱའི་ཞིས་ཆུལ་བཟིན་ཡིན་ལ་བྱེད་པ་ན་མིག་སྐྱེས་སོ། །ཤེས་པ་དང་། རིག་པ་དང་། བློ་དང་། རྟོགས་པ་སྐྱེས་སོ། །དགེ་སློང་དག །ང་སྡུག་མ་གོས་པའི་ཆོས་རྣམས་ལ་སྤུག་བསྒལ་འགོག་པར་འགྲོ་བའི་ལས་འཕགས་པའི་བདེན་པ་དེ་ང་ས་མངོན་པར་

ཤེས་པས་བསྐོམ་པར་བྱའོ་ཞིས་ཚུལ་བཞིན་ཡིད་ལ་བྱེད་པ་ན་མིག་ཤེས་སོ། །ཤེས་པ་དང་། རིག་པ་
དང་། བློ་དང་། རྟོགས་པ་ཤེས་སོ། །དགེ་སློང་དག། ང་སྟོན་མ་གྲོས་པའི་ཚོས་རྣམས་ལ་སྲུག་
བསྐྱལ་འཕགས་པའི་བདེན་པ་དེ་ངས་མངོན་པར་ཤེས་པས་ཡོངས་སུ་ཤེས་སོ་ཞིས་ཚུལ་བཞིན་ཡིད་
ལ་བྱེད་པ་ན་མིག་ཤེས་སོ། །ཤེས་པ་དང་། རིག་པ་དང་། བློ་དང་། རྟོགས་པ་ཤེས་སོ། །དགེ་སློང་
དག། །ང་སྟོན་མ་གྲོས་པའི་ཚོས་རྣམས་ལ་སྲུག་བསྐྱལ་ཀུན་འབྱུང་བ་འཕགས་པའི་བདེན་པ་དེ་ངས་
མངོན་པར་ཤེས་པས་སྤངས་སོ་ཞིས་ཚུལ་བཞིན་ཡིད་ལ་བྱེད་པ་ན་མིག་ཤེས་སོ། །ཤེས་པ་དང་།
རིག་པ་དང་། བློ་དང་། རྟོགས་པ་ཤེས་སོ། །དགེ་སློང་དག །ང་སྟོན་མ་གྲོས་པའི་ཚོས་རྣམས་ལ་
སྲུག་བསྐྱལ་ལ་འགོག་པ་ཤེས་པའི་འཕགས་པའི་བདེན་པ་དེ་ངས་མངོན་པར་ཤེས་པས་མངོན་སུམ་
དུ་བྱས་སོ་ཞིས་ཚུལ་བཞིན་ཡིད་ལ་བྱེད་པ་ན་མིག་ཤེས་སོ། །ཤེས་པ་དང་། རིག་པ་དང་། བློ་དང་།
རྟོགས་པ་ཤེས་སོ། །དགེ་སློང་དག །ང་སྟོན་མ་གྲོས་པའི་ཚོས་རྣམས་ལ་སྲུག་བསྐྱལ་འགོག་པར་འགྲོ་
བའི་ལམ་འཕགས་པའི་བདེན་པ་དེ་ངས་མངོན་པར་ཤེས་པས་བསྒོམས་སོ་ཞིས་ཚུལ་བཞིན་ཡིད་ལ་
བྱེད་པ་ན་མིག་ཤེས་སོ། །ཤེས་པ་དང་། རིག་པ་དང་། བློ་དང་། རྟོགས་པ་ཤེས་སོ། །དགེ་སློང་
དག། །ང་ཇི་སྲིད་དུ་འཕགས་པའི་བདེན་པ་བཞི་པོ་འདི་རྣམས་ལ་དེ་ལྟར་ལན་གསུམ་དུ་བཟླས་ཏེ་
རྣམ་པ་བཅུ་གཉིས་སུ་བསྒོར་བའི་མིག་མ་སྐྱེས། ཤེས་པ་མ་ཡིན། རིག་པ་མ་ཡིན། བློ་མ་ཡིན།
རྟོགས་པ་མ་སྐྱེས་པ་དེ་སྲིད་དུ། ང་ལྷ་དང་བཅས་པའི་འཇིག་རྟེན་བདུད་དང་བཅས། ཚངས་པ་
དང་བཅས་དགེ་སློང་དང་བྲམ་ཟེར་བཅས་པའི་སྐྱེ་དགུ་དང་། ལྷ་དང་། མི་བཅས་པ་འདི་ལས།
གྲོལ་བ་དང་། ངེས་པར་འབྱུང་བ་དང་མི་ལྡན་པ་དང་། རབ་ཏུ་གྲོལ་བ་དང་། ཕྱིན་ཅི་ལོག་དང་།
བྱལ་བའི་སེམས་ཀྱིས་མ་དུ་གནས་པར་མ་གྱུར་ཅིང་། དགེ་སློང་དག། ངས་བླ་ན་མེད་པ་ཡང་དག།

달라이 라마
사성제

Dalai Lama
THE
FOUR
NOBLE
TRUTHS

달라이 라마
사성제

Dalai Lama
THE
FOUR
NOBLE
TRUTHS

제14 대 달라이 라마
텐진 갸초 지음
주민황 옮김

하루헌

번역자 서문

이 책(원제 The Four Noble Truths: Fundamentals of the Buddhist Teachings)은 사성제四聖諦에 대한 달라이 라마의 강의 내용을 담고 있다. 달라이 라마는 이 책에서 고통에 대한 새로운 접근법을 제안하고 있다. 인간은 궁극적으로 고통으로부터 벗어날 가능성이 있다는 확신을 가지라고, 고통은 인간 존재에게 지극히 자연스러운 것이기에 받아들이고 용감하게 고통과 정면으로 마주서라고 조언한다. 이 책뿐만 아니라 많은 저술과 강연에서 보여 준 달라이 라마의 명료함은 걸작이다.

사성제(네 가지 고귀한 진리)는 석가모니 부처님의 첫 가르침(초전법륜初轉法輪)이다. 사성제는 불교의 근본이자 불교의 시작이다. 사성제를 제대로 이해하지 못하고, 이 고귀한 진리를 제대로 체험하지 못하면 불법 수행은 불가능하다.

스스로 깨어난 자, 석가모니 부처님은 6년의 고행 끝에 깨달음을 얻고, 전법의 길을 선택한다. 가르침을 전하기 위해 부다가야에서 사르나트 녹야원까지 160킬로미터의 길을 걸어 제자들을 찾아 나선다. 인도의 작열하는 태양 아래서 홀로 걸식을 하며 맨발로 그 먼 길을 걸어가 청하지도 않은 가르침을 베푼다. 그 가르침이 바로 사성제이다.

부처님의 첫 가르침은 인생이 고통이라는 것을 인식하는 데에서 시작되었다. 그리고 그 누구도 고통을 피할 수 없기에 아직도 유효한 가르침으로 존재한다. 부처님의 가르침은 우리가 고통 때문에 괴로워하고 혼란스러워할 때 자비로우면서도 냉엄한 안내자의 역할을 한다. 환상을 깨고 실상을 보도록 하는 냉철함을 가졌다. 가식과 혼란이 들어설 자리가 없다.

태어나고 늙고 병들고 죽는 과정을 피할 수 없는 우리 삶은 분명히 고통스럽다. 탄생과 죽음의 사이에서 우리는 수많은 사건들을 겪는다. 마음속에 뿌리 깊게 박혀 있는 무지(無明)라는 근본적 혼란이 빚어내는 온갖 오해와 착각으로 인생은 더 혼란스럽고 고통스럽다.

불교는 이런 우리의 삶을 굳이 아름답게 포장하지 않는다. 삶이 고통으로 가득 차 있다는 것을 인정한다. 그리고 그 고통의 원인을 밝힌다. 나아가 고통의 원인을 없앨 수 있다는 가능성을 보이고, 그 방법을 제시한다. 이것이 사성제의 핵심이다. 고통에서 벗어날 가능성이 없다면 수행을 할 까닭이 있겠는가. 고통이 완전히 사라진 상태가 완전한 행복이다. 그 완전한 행복의 상태를 니르바나(열반)라고 부른다. 세속에서 갈구하는 욕망은 완전하지도 영원하지도 않다. 간절하게 바라던 것을 손에 쥐었을 때 느끼는 행복은 오래가지 않는다. 하나를 얻고 나면 바로 또 다른 욕망이 일어난다. 우리는 그 욕망이 채워질 때까지 또 다시 고통 속에서 헤맨다. 불교에서는 탐욕을 버리라고만 하지 않는다. 그 탐욕이 왜 생겼는지를 분석한다. 탐욕과 탐욕의 대상 모두 혼란한 마음이 만들어 낸 허상이라는 것을 밝힌다. 집착이 없어지면 고통이 없어진다. 고통이 완전히 사라진 상태가 바로 부처의 경지이다. 이 경지는 고통만 없어진 것이 아니라 고통을 만들어 내는 근본 원인인 무지도 없어졌기 때문에 맑고 순수하고 모든 것을 아는 지혜가 드러난다.

지혜는 밖에서 들어오는 것이 아니라 우리 안에 이미 잠재되어 있다. 그 잠재된 지혜를 불성佛性이라고 한다. 부처님은 그 불성을 스스로 일깨우고 드러내서 실현한 사람이고, 우리는 아직 잠재된 불성을 아직 일깨우지 못한 사람들이다. 아직 잠들어 있는 부처다. 그래서 우리 모두는 귀중한 존재들이다.

가끔 불교에 대해 오해를 하는 이들이 있다. 부처님의 가르침은 결코 염세적이지도 수동적이지도 않다. 도리어 냉철하고 용감하다. 우리가 근본적인 무지를 갖고 있다는 것을 냉엄하게 지적하고 인생은 고통으로 가득 차 있다는 것도 외면하지 말고 있는 그대로 바라보라고 한다. 고통을 사라지게 하는 방법이 있으니 내면의 적인 무지를 용감하게 제거하라고 조언을 하고 충고도 한다. 이것이 불교의 자비심이다.

이 책에서 눈여겨 볼 부분은 불교의 근본 가르침인 사성제와 우리가 윤회에서 벗어나지 못하는 과정을 십이 연기와 연결해서 설명하는 점이다. 공성과 연기는 한 동전의 양면이다. 사물과 사건의 실상을 궁극적인 면과 현실적인 면에서 본 동전의 양면이다. 공성과 연기를 정확히 알아야 우리는 삶의 실상을 제대로 알 수 있다.

『달라이 라마 반야심경』에서처럼 이 책 역시 사성제에 대한 달라이 라마의 강의 내용을 누구나 쉽게 읽을 수 있도록 어려운 불교 용어를 최대한 일상적인 우리말로 옮겼다. 불교와 수행에 대한 잘못된 선입견을 불식하는 데 좋은 안내서가 될 것이다.

고통은 보편적인 현상이며
고통은 욕망에서 비롯되었기에
욕망을 없애면 고통은 사라진다.
그리고 욕망은 바른 생활을 할 때 사라진다.

석가모니 부처님의 첫 가르침이자 불교의 시작인 사성제를 통해 스스로 깨어난 자가 되기를 발원한다.

2017년 9월
주 민황

책을 펴내며

1996년 7월, 달라이 라마는 런던의 바비칸 센터에서 불교 사상과 수행에 대해 연속 강연을 했다. 이 강연은 영국 불교 네트워크(Network of Buddhist Organisation in U.K)인 「전국 불교센터 연합」에서 주최했다.

이 책은 바비칸 센터에서 있었던 달라이 라마의 강연 내용—사성제四聖諦(네 가지 고귀한 진리)에 대한 가르침을 담고 있다. 사성제는 부처님의 모든 가르침의 기반이다. 이 강연에서 달라이 라마는 사성제를 우리가 보다 쉽게, 정확하게 이해할 수 있도록 설명을 했다.

제2 부에 실린 「자비심」은 달라이 라마가 맨체스터의 자유 무역 센터에서 대중들에게 강연을 한 내용을 기록한 것이다. 이 강연은 영국에서 가장 오래된 티베트 지원 기구인 「영국 티베트 공동체(Tibetan Society of UK)」가 주최했다. 자비심에 관해 설명하는 이 부분에서는 부처님의 가르침을 일상에서 어떻게 적용할 것인가를 설명하면서 사성제를 훌륭하게 보완하고 있다.

두 강연에서 달라이 라마가 전하고자 했던 핵심 내용은 자비심과 인간답게 살아가는 것이었다. 그렇기 때문에 종교를 믿는 사람뿐만 아니라 종교를 믿지 않는 사람들에게도 이 책은 도움이 될 것이다.

런던 주재 티베트 대표부는 이 강연 내용을 정리한 케이트 콜린스, 제인 라쉬, 출판에 맞게 원고를 편집한 도미티크 사이드, 통역을 한 게시 툽텐 진파에게 감사의 뜻을 전한다.

켈상 Y. 타클라
런던 주재 티베트 대표부 대표

차례

일러두기

1. 티베트 어 표기는 국립국어원이 규정한 외래어 표기법에 의거해 파열음을 된소리로
   표기하지 않는 것을 원칙으로 했다. 현재는 국립국어원에서 공시한 티베트 어 표기법이 없는
   상태이며 향후 티베트 어 표기법이 공시되면 원지음을 반영해서 표기할 예정이다.

2. 인명의 경우, 국립국어원에서 편찬한 표준국어대사전에 등재되어 있는 경우 그에 따랐으며
   그 외의 경우는 원지음을 따라 표기했다.

1부 사성제

사성제四聖諦는 불교의 기반이기에 매우 중요하다. 사실 사성제(네 가지 고귀한 진리)를 제대로 이해하지 못하고 또 이 가르침의 진리를 제대로 체험하지 못하면 불법佛法을 수행한다는 것이 불가능하다. 그래서 나는 사성제에 대해 설명하는 것을 항상 기쁘게 생각한다.

일반적으로 모든 주요 종교는 인류에 이로움을 제공해 왔다. 그리고 우리 인간의 마음을 선량하게 만드는 힘이 지니고 있다. 여기서 말하는 선량하다는 의미는 단순히 사람이 좋아 보인다는 뜻이 아니라 선한 마음과 자비로운 마음을 갖고 있다는 것이다. 모든 전통 종교는 인류에 이바지를 해 왔기에 나는 항상 사람들에게 자신들이 전통적으로 믿어 온 종교를 따르는 것이 좋다고 말한다. 섣불리 종교를 바꾸다 보면 정서적으로 또는 지적으로 혼란을 겪을 수 있기 때문이다. 예를 들어, 이곳 영국에서는 전통적인 종교 문화가 기독교이기 때문에 기독교의 가르침을 따르는 것이 더 유용할 것이다. 그러나 평소 기독교 전통 가르침이 크게 도움이 되지 않았거나 철저한 무신론자였다면 불교에서 사물을 설명하는 방식이 매력적으로 다가올 수도 있다. 이런 경우라면 불교의 가르침에 따르는 것도 괜찮다. 일반적으로 신앙생활을 전혀 안 하는 것보다는 어떤 종교 수련이라도 하는 것이 더 낫다고 나는 생각한다. 혹시라도 불교의 접근법과 불교의 마음 수련 방식에 마음이 끌린다면 신중하게 분석해 보고, 자신에게 적합하다는 판단이 선다면 그때 선택하기 바란다. 이는 중요한 부분이다.

여기서 놓치지 말아야 할 점이 한 가지 더 있다. 개종을 정당화하기 위해서 기존에 자신이 믿었던 종교나 자기 나라 전통 종교를 비판하거나 부정하기도 한다. 이것이 인간의 본성이라 할 수 있다. 하지만 이런 일이 일어나서는 안 된다. 이전에 믿었던 종교가 본인에게 그다지 도움이 되지 않았다고 해서 다른 사람들에게도 도움이 안 되는 것은 아니다. 우리가 더불어 사는 사람들을 존경해야 하듯이 다른 종교를 믿는 사람도 존경할 수 있어야 한다. 더욱이 과거에 자신이 믿었던 종교도, 모든 전통 종교가 그러하듯이, 세상 사람들을 도울 수 있는 잠재력을 갖추고 있다는 사실도 잊지 말아야 한다. 어떤 사람들에게는 기독교적 접근 방식이 불교적 접근 방식보다 더 효과적일 수 있다. 이 것은 개인의 정신적 성향에 관련된 것이다. 따라서 우리는 각 종교가 지니고 있는 잠재력을 인정하고, 다른 종교를 믿는 사람을 모두 존경해야 한다.

그 다음 생각해야 할 것은 현재 지구상에는 다양한 종교가 있으며, 종교 간의 진정한 화합을 도모하기 위해 애쓰는 사람들이 있다는 점을 기억해야 한다. 1986년, 종교와 환경 문제를 주제로 이탈리아 아시시에서 종교 간 모임[1]을 개최했다. 요즘은 종교 간 교류도 많고, 종교 다원화의 개념도 정착이 된 것 같다. 대단히 고무적인 징후이다. 다른 종교에 대해 깊이 이해하기 위해 많은 지역에서 다양한 사람들

---

1   세계 주요 종교 지도자들과 환경운동 지도자들이 함께 모인 첫 번째 모임은 1986년에 이탈리아 아시시에서 열렸다. 이 모임은 「세계 자연 보호 기금(The Worldwide Fund for Nature)」에서 주최했다.

이 노력하고 있는 지금, 다른 종교를 비난하는 것은 서로에 게 이롭지 못한 결과만 초래할 뿐이다. 따라서 우리는 자 신의 종교뿐만 아니라 다른 여러 종교도 존경하는 마음을 지녀야 한다.

다른 종교를 진정으로 존중해야 한다는 말로 오늘 강연 을 시작하는 까닭이 있다. 오늘의 본론인 사성제에 대해 설명하면서 나는 불교적 관점이 가장 훌륭하다고 설명할 것이기 때문이다! 뿐만 아니라 어떤 종교가 가장 탁월하냐 고 나에게 묻는다면 주저 없이 불교라고 답할 것이기 때문 이다. 그렇다고 해서 모든 사람에게 가장 좋은 종교가 불교 라는 의미는 결코 아니다. 그러니 내가 고귀한 진리인 사성 제를 설명하는 과정에서 불교적 관점이 가장 훌륭하다고 해도 오해하지 말기 바란다.

모든 종교가 위대한 힘을 지니고 있다고 말하는 것은 내가 겸손해서도 아니며, 외교적 수사를 구사하기 위함도 아니라는 것을 강조하고 싶다. 내가 간절히 바란다고 해 도 온 인류가 불자일 수는 없다. 마찬가지로 인류 전체가 기독교인이거나 이슬람교도가 될 수도 없다. 이는 명백한 사실이다. 부처님이 살아 계실 당시에도 모든 인도 사람이 불교로 개종하지는 않았다. 지금까지 나는 다른 종교에 대한 책을 많이 읽었고, 종교가 다른 진실한 수행자들과 심오한 영적 경험들 특히 사랑과 자비심에 대해 많은 대화를 나누었는데 그분들 마음에 진정한 사랑과 자비심이 살아 있다는 것을 느낄 수 있었다. 그래서 나는 모든 종교가 인간의 착한 마음을 계발하는 힘을 갖고 있다는 결론을 내렸다.

다른 종교의 철학을 어떻게 생각하는지는 그다지 중요하지 않다. 불자가 아닌 사람들에게 열반涅槃이나 내생來生이라는 개념이 무의미하다. 마찬가지로 불자들에게는 창조주인 신神의 개념은 무의미하다. 사실 이런 논의는 무의미하며 중요하지 않다. 중요한 것은 매우 부정적인 사람도 어떤 종교를 통해서 긍정적인 사람으로 변할 수 있다는 사실이다. 이것이 다양한 종교가 존재해야 하는 목적이며, 실제로 우리 주변에서 목격되는 일이기도 하다. 그래서 다른 종교를 존경해야 하는 것이다.

마지막으로 유의해야 할 부분이 있다. 이미 우리가 잘 알고 있듯이 부처님은 청중의 수준에 따라 가르침을 주었다. 불교에는 분별설부分別說部·경량부經量部·유식학파唯識學派·중관학파中觀學派[2] 같은 다양한 학파가 있다. 각 학파는 경전에 기록된 부처님의 가르침을 각자 방식대로 인용하고 있다. 이 대목에서 이런 의문이 들 수도 있다. 부처님이 이렇게 서로 다른 방식으로 가르쳤다면 그분도 사물이 실제 존재하는 방식에 대해 확신을 하지 못한 것은 아닌가? 사실은 그렇지 않다. 부처님은 제자들의 성향이 다르다는 것을 알았다. 종교를 가르치는 주요 목적은 사람들을 돕기 위함이지 명성을 얻기 위함이 아니다. 그래서 부처님은 청중의 성향에 맞게 적절한 방법으로 가르친 것이다. 부처님은 개개인의 견해와 권리를 매우 존중했다. 아무리 심오한 가르침일지라도 그 사람에게 적합하지 않다면 가르치는 것이 무슨 소용이 있겠는가? 이런 의미에서 부처님의 가르침(佛法)은 약과 같다. 약의 주된 가치는 병을 치료하는 데 있지 약값에 있지 않다. 예를 들어, 매우 귀하고 비싼 약이 있다 하

---

2 티베트 어로는 마햐마카madhyamaka인데 글자 그대로 중도中道라는 의미를 지니고 있다. 네 가지 불교철학 학파 중에 최고의 단계이다. 중관학파는 나가르주나가 만들었으며, 금강승은 중관 철학에 기반을 두고 있다. 중관은 절대주의와 허무주의 같은 극단적인 견해들을 전혀 갖고 있지 않다는 의미이다.

자. 하지만 이 약이 환자에게 적절하지 않다면 아무런 소용이 없다.

세상에는 다양한 유형의 사람들이 많기 때문에 다양한 종교가 필요하다. 한 가지 예를 들어 보자. 1970년대 초, 인도인 기술자 한 사람이 불교에 상당한 관심을 보이더니 결국 승려가 되었다. 그는 매우 진지하고 착한 사람이었다. 어느 날 그에게 무아론無我論[3] 즉 독립된 실체로서 존재하는 '나'가 없다는 불교 이론을 설명했다. 영원히 존재하는 영혼이 없다는 것을 그 사람은 지극히 근본적인 그 무엇이 없다는 것으로 받아들였다. 무아론을 들은 그 사람은 너무 놀란 나머지 온몸을 덜덜 떨었다. 그런 사람에게 무아를 설명하기란 매우 어려운 일이었다. 무아를 설명하는 데 몇 달이 걸렸다. 시간이 지나면서 그 사람의 두려움은 조금씩 사라져 갔다. 이런 경우라면 '나'라는 것이 존재한다

---

3 산스크리트 어 아나트만anātman의 번역이다. 이 이론은 다른 철학이나 다른 종교와 불교를 구별하는 사법인四法印 가운데 세 번째 원리이다. 사법인은 1)구성된 모든 현상은 영원하지 않다(一切行無常印) 2)모든 오염된 현상은 고통스럽다(一切行苦印) 3)모든 현상에는 독립된 실체가 없다(一切法無我印) 4)열반은 진정한 평화다(涅槃寂靜印) 등이다.

는 이론에 기반을 둔 가르침이나 영혼이 존재한다고 믿는 수행이 더 적합하다.

지금까지 앞에서 말한 몇 가지 관점을 유념한다면 자기가 믿는 종교뿐만 아니라 다른 사람이 믿는 종교 가치를 인정하고 존중하는 것이 어렵지 않을 것이다.

불교의 근본 원리

나는 불교의 가르침을 소개할 때, 반드시 두 가지 근본 원리에 관해서 설명한다. 첫째는 연기법[4]이다. 연기법이란 실체의 의존적 성질을 이르는 것이다. 이 근본 진리를 이해해야 모든 불교 철학을 이해할 수 있다. 두 번째는 자비심이다. 자비심은 연기법을 아는 불교 수행자들이 취하는 행동이다. 자비심은 근본적으로 최선을 다해 다른 중생을 돕

---

4 연기緣起 또는 의존적 발생은 산스크리트 어 프라티트야사무트파다 pratītyasamutpāda의 번역이다. 모든 현상이 그 자체의 원인과 개별적인 조건의 결합에 '의존해서' 발생하는 것은 자연의 법칙이다. 모든 것은 원인과 조건의 결합에 의존해서 발생하며 원인과 조건에 의해 발생한다. 그렇지 않으면 생겨날 수 없다.

고, 그럴 수 없다면 최소한 남들을 해치지 않는다는 것을 의미한다. 네 가지 고귀한 진리인 사성제를 본격적으로 설명하기 전에 사성제의 기본이 되는 연기법과 자비심에 대해 설명하겠다.

귀의와 발보리심

전통적인 불교 용어를 사용해서 두 이론을 소개할 것이다. 전문 용어로 설명을 하자면 우리가 삼보三寶에 귀의하기로 결심할 때, 자비심 또는 이타심 혹은 착한 마음이라고 하는 보리심(bodhicitta)을 일으킬 때, 우리는 불자가 된다. 삼보란 부처님(佛寶), 부처님의 가르침(法寶), 수행자 공동체인 승가(僧寶)를 가리킨다. 귀의와 보리심의 핵심에는 타인을 돕겠다는 생각이 있어야만 한다. 보리심을 일으키는(發菩提心) 수행을 할 때는 타인을 돕는 행동이 수반되어야 한다. 반면에 귀의하는 수행을 할 때는 윤리적으로 절제된 생활을 하고, 다른 중생을 해치는 않고, 업業의 법칙을 존중하는 훈련이 수반되어야 한다.

삼보에 귀의하는 수행을 기본적으로 잘 익혀 두지 않으면 높은 단계의 보리심을 깨닫기 어렵다. 이렇기 때문에 삼보에 대한 귀의 여부로 불자와 비불자를 구분하는 것이다.

하지만 삼보에 대한 귀의를 서약하는 의식에 참여한다고 해서 삼보에 귀의하는 것은 아니다. 또 불자가 되는 것도 아니다. 삼보에 귀의하는 의식이 있기는 하지만 의식이 중요한 것은 아니다. 중요한 것은 생각이다. 충분히 깊이 생각한 후 불법승 삼보가 진실로 궁극적인 귀의의 대상이 된다고 확신을 하는 순간, 비록 스승이 없다고 해도 그는 불자가 되는 것이다. 그런 사람이라면 마음의 행복을 삼보에게 맡길 수 있다. 이것이 실질적인 귀의이다. 삼보에 귀의하는 의식에 참여했다고 해도 불법승 삼보에 대해 확신이 없고 여전히 의심이 든다면 그 사람은 불신과 의심 때문에 수행을 할 수 없다. 따라서 귀의가 무엇인지 정확하게 이해하는 것이 중요하다.

이와 같은 맥락에서 부처님에 대해서도 이해해야 한다. 부처님을 인도에서 태어나 새로운 길을 제시한 역사적인 인물로 한정하면 안 된다. 그보다는 의식의 수준이나 깨달음[5]이라는 개념을 바탕에 두고 부처의 경지[6]에 대해 이해해야 한다. 부처의 경지는 존재의 정신적 상태라는 것을 이해해야 한다. 이런 까닭에 불교 경전에서는 과거의 부처, 현재의 부처, 미래의 부처라는 말을 쓴다.

　이 지점에서 다음과 같은 질문을 할 것이다. 어떻게 하면 부처가 될 수 있는가? 어떻게 하면 완전한 깨달음을 얻을 수 있는가? 부처의 경지에 이르는 것에 대해 생각을 한다면 먼저 우리가 완전한 깨달음을 얻은 존재인 부처가 될 가능성이 우리에게 있는지 물어야 한다. 그리고 그 해답은 법(dharma)의 본성을 어떻게 이해하는가에서 찾아야 한다. 법이 있다면 승가도 분명히 존재한다. 승가는 법을 수행하는 사람들 집단이고, 법의 진리를 깨닫고 실천하는 사람들이다. 승가의 구성원들 가운데 거친 부정적인 생각과 번뇌를 없앤 사람이 있다면 그들을 통해 우리도 부정적인 생각과 번뇌에서 벗어날 수 있다는 가능성을 발견할 것이다. 부정적인 생각과 번뇌를 완전히 없앤 상태를 부처의 경지라고 한다.

5　산스크리트 어로 보디bodhi라고 한다. 모든 번뇌와 장애를 없애고 모든 좋은 특성을 깨달은 상태를 가리킨다.
6　붓다buddha는 글자 그대로 깨달은 사람이다. 산스크리트 어 보디bodhi(깨닫다)에서 온 말이며 붓다의 경지는 깨달은 상태이다.

지금 이 맥락에서 사용하는 법과 귀의와 관련해 사용하는 법은 구분되어야 한다. 일반적으로 사용하는 법은 경전상의 법—부처님의 가르침과 그 가르침을 바탕으로 수행한 후 얻은 정신적 깨달음—을 가리킨다. 귀의와 관련해 말하는 법은 두 가지 측면을 갖는다. 하나는 고통과 번뇌의 소멸로 이끄는 수행이고 다른 하나는 소멸(滅)[7] 그 자체이다. 진정한 소멸과 소멸로 이끄는 수행을 이해할 때 해탈[8]의 상태에 대해 짐작할 수 있다.

연기법

"존재하는 모든 것은 연기緣起에 의해 생겨난다는 것을 아는 사람은 법을 아는 것이며, 법을 아는 사람은 부처를 아는 것이다."라는 말씀을 부처님은 경전에서 여러 번 하

---

7   멸滅은 고통의 완전한 소멸을 의미하는 용어이다. 고통이 소멸하지 않고 계속 반복되는 것이 윤회이며, 반복되는 윤회의 소멸을 열반(니르바나nirvāna)이라고 한다.
8   산스크리트 어로는 목샤mokşa라고 한다. 아라한이나 부처가 되어 윤회에서 해방되는 것을 말한다.

셨다.[9] 이 말씀을 나가르주나(龍樹)[10]의 중관 철학 관점에서 보면, 함축된 의미를 가장 포괄적으로 이해할 수 있다. 나가르주나를 편애한다고 비난해도 나는 그 비난을 달게 받겠다! 나가르주나의 관점에서 보면 부처님 말씀의 의미를 세 단계로 이해할 수 있다.

첫 번째, 모든 불교 학파가 공통적으로 인정하는 연기법 즉 의존적 발생 원리에서 보면 부처님의 말씀을 인과적 연기 관점에서 설명할 수 있다. 연기는 산스크리트 어로 프라티티야사무트파다인데 프라티야는 '의존하다'는 뜻이고 사무트파다는 '발생'을 뜻한다. 이는 세상의 모든 사물은 여러 원인과 조건이 서로 작용한 결과로 발생한다는 것을 의미한다. 이 원리는 두 가지 가능성을 부정하기 때문에 중요하다. 첫째, 모든 사물이 원인과 조건이 없이 무無에서 생겨날 수 있다는 가능성을 부정한다. 둘째, 초월적인 창조자

9   『마지마 니카야Majjhima Nikāya』 pp.190-191, Pali Text Society와 『연기경緣起經(Pratītyasamutpādasūtra)』을 보라.
10   1-2세기경에 생존했던 인도 불교 학자로 중관 철학의 대표 학자. 중관 철학에 관한 많은 저술을 남겼다.

가 있어 만물을 만들었다는 가능성을 부정한다. 연기법은 이 두 가지 가능성을 모두 부정한다.

두 번째, 부분과 전체라는 면에서 연기를 이해할 수 있다. 사물을 구성하는 부분이 어떻게 전체를 구성하고, 전체가 어떻게 부분에 의해 이루어지는지를 통해 모든 사물을 파악하는 것이다. 이런 의존성은 물질세계에 분명하게 존재한다. 마찬가지로 의식과 같은 비물질적 실체도 일시적인 연속성이라는 관점에서 이해할 수 있다. 우리가 의식을 하나의 단일체로 이해를 하는 까닭은 연이어 일어나는 의식이 연속체를 이루고 있기 때문이다. 이러한 관점에서 세상을 분석하면 원인과 조건에 의해 발생한 사물만이 연기의 원리에 의해 생겨난 것이 아니라 현상 세계 전체가 연기의 원리에 의해서 생겨난다는 것을 알 수 있다.

셋 번째, 모든 사물과 사건―사실상 모든 것―은 오로지 그것을 구성하고 있는 많은 요소들이 결합한 결과로서 생겨난다는 것이다. 어떤 사물을 구성하고 있는 요소들을 낱낱이 분해해 보자. 그러면 그 사물은 오로지 여러 구성 요소에 의존해서 생겼다는 것을 알 수 있다. 그러므로 사물이나 사건은 그 자체의 독립된 실체나 고유한 실체를 가지고 있는 것이 아니다. 우리가 사물에게 부여한 독자성 즉 정체성은 우리의 지각과 사물의 상호 작용 사이에서 일어난 일시적인 반응일 뿐이다. 그렇다고 사물이 존재하지 않는다는 말은 아니다. 불교는 허무주의가 아니다. 사물들은 존재하지만 그것들이 독립되고 고유한 실체로 존재하지 않는다는 뜻이다.

"연기를 알면 법(다르마)을 알게 된다."라는 부처님의 말씀으로 돌아가 보자. 앞에서 연기의 의미를 세 단계로 설명했는데 그것에 상응해서 법에도 세 가지 의미가 있다.

첫째, 원인에 의해 결과가 생긴다는 첫 단계 연기가 지니는 의미를 법과 관련시켜 살펴볼 수 있다. 인과적 연기 측면에서 실체의 의존적 성질을 더 깊이 이해하면 업(카르마)의 작용 즉 인간의 행동을 지배하는 업의 인과법을 인정할 수 있다. 이 인과법은 어떻게 부정적인 행동·부정적인 생각·부정적인 행위의 결과로 괴로움과 고통이 발생하는지, 긍정적인 행동·긍정적인 감정·긍정적인 생각의 결과로 어떻게 행복과 기쁨이 생기는지를 설명한다.

원인에 의해 결과가 생긴다는 차원에서 연기를 더 깊이 이해하면 실체의 본성에 대해 근본적인 통찰을 하게 된다. 우리가 지각하고 경험하는 모든 것이 원인과 조건이 만나 상호 작용한 결과로 발생한다는 것을 알아차리면 우리의 관점 전체가 변하게 된다. 우리가 모든 것을 이 인과 법칙에 의거해 보기 시작하면 우리 내면의 경험들을 바라보는 관점과 세상을 바라보는 관점이 바뀐다. 이런 철학적 관점을 발전시키면 업에 대한 이해도 인과 법칙의 틀 안에서 이해할 수 있다. 업의 법칙은 이 일반적인 인과 법칙의 특정한 예이기 때문이다.

마찬가지로 두 번째, 세 번째 단계의 연기—부분과 전체 간의 의존, 지각과 존재의 상호 작용—를 깊이 이해하면 우리의 생각이 깊어질 것이다. 그리고 우리에게 보이는 사물의 존재 방식과 사물이 실제로 존재하는 방식에는 차이가 있다는 것을 인정하게 된다.

보이는 것과 실체 사이에 존재하는 근본적인 차이를 인정하면 감정이 작용하는 방식과 우리가 사건과 대상에게 반응하는 방식에 대해 통찰력을 갖게 된다. 우리가 어떤 상황에 대해 강한 감정적인 반응을 하는 기저에는 독립적으로 존재하는 실체가 외부에 있다고 가정하기 때문이라는 사실도 알게 된다. 이런 식으로 우리 내면의 다양한 마음 작용과 여러 단계의 의식에 대한 통찰을 발전시킨다. 또 어떤 마음 상태나 감정 상태들이 매우 실제적인 것처럼 보이더라도, 대상들이 매우 생생하게 보이더라도, 실제로는 그것들이 환영에 불과하다는 것을 우리는 이해하게 된다. 감정이나 사물도 실제로는 우리가 생각하는 방식대로 존재하지 않는다.

이런 숙고와 분석을 통해서 불교에서 말하는 고통의 원인을 통찰할 수 있다. 고통의 원인은 달리 말하면 혼란과 오해를 가져오고 마음을 괴롭히는 감정적인 경험들이다. 고통의 원인에 대해 통찰을 하고 실체의 상호 의존적 성질을 가장 미세한 단계에서 이해하면 실체의 공한 본성(空性)에 대해서도 통찰할 수 있다. 실체의 공성[11]이란 모든 사물이나 사건이 많은 요소의 결합으로 발생할 뿐 사물이나 사건에는 독립된 실체나 고유한 실체가 없다는 것을 의미한다.

물론 독립된 실체가 없다는 공성을 통찰하면 이에 반대

---

11 산스크리트 어로 슈냐타(śūnyatā)라고 한다. 모든 현상이 독립된, 그리고 영원한 실체를 갖고 있지 않다는 뜻에서 공성이라고 한다.

되는 견해들 즉 사물이 본래 독립적으로 존재한다는 생각들이 잘못되었다는 것을 알게 된다. 사물이 본래 독립적으로 존재한다는 생각은 실체의 본성을 오해하는 데서 비롯된 것이다. 독립된 실체 다시 말해 고유한 실체가 존재한다는 생각은 실체나 타당한 근거를 갖고 있지 않은 반면에 독립된 실체가 없다는 공성은 논리적 추론과 타당한 근거를 갖고 있다. 점차 우리는 독립된 실체가 존재한다는 잘못된 생각이 완전히 사라진, 지혜의 상태에 도달하는 것이 가능하다는 사실을 인정하게 된다. 이것이 멸滅의 상태이다.

찬드라키르티(月稱)[12]는 『명구론明句論』[13]에서 독립된 실체가 없다는 공성을 사실로 받아들일 수 있는 사람이라면 연기의 세계도 사실로 받아들일 수 있다고 말한다. 공성을 사실로 받아들일 수 있는 사람이라 고통의 원인과 고통의

12 3-4세기경에 생존했던 인도 불교 학자로 귀류 논증 중관학파의 위대한 학자이다.

13 산스크리트 어 약칭은 프라싼나파다Prasānnapāda이고 원 제목은 물라마디야마카브리티프라싼나파다Mūlamadhyamakavṛttiprasānnapāda이다. 나가르주나의 저서인 『중론中論(Mūlamadhyamikakārikā)의 주석서이다. 이 책의 몇 장을 영어로 번역한 것이 M. Sprung 『Lucid Exposition of the Middle Way』에 수록되어 있다.

인과 관계에 대해서도 받아들일 수 있다. 이것을 받아들일 수 있다면 고통이 끝날 수 있다는 가능성에 대해서도 받아들일 수 있다. 찬드라키르티는 공성의 이치를 받아들이는 사람이라면 연기의 세계를 받아들이는 것도 가능하다고 주장하는 것이다.

요점을 정리하자면 연기의 원리를 깊이 이해하면 고통의 미세한 원인에 관한 진리(集諦)와 소멸의 진리(滅諦)를 이해할 수 있다. 이것이 "연기를 알면 법을 안다."라고 한 부처님 말씀의 의미이다. 이런 식으로 우리는 멸제와 소멸로 이끄는 도제道諦를 알 수 있다. 이것을 이해하고 나면 승가의 수행자들이 이런 상태를 깨닫고 실현할 수 있다는 것과 부처들이 그 상태를 완성했다는 것을 알 수 있다. 성불成佛이 실제로 무엇을 의미하는지 조금은 이해하게 되었다.

이제

사성제를 종합적으로 이해하려면 이제二諦를 알아야 한다. 두 가지 진리는 관습적 진리(俗諦)와 궁극적 진리(眞諦)이다. 여기서 나는 중관학파의 관점에서 두 가지 진리를 설명할 것이다. 두 가지 진리의 개념은 중관학파뿐만 아니라 다른 학파에도 있고 인도의 일부 비불교도 학파에도 있지만 나는 중관학파 관점에서 설명할 것이다.

두 가지 진리(二諦)라는 근본 교의를 어떻게 이해해야 할까? 우리는 일상의 경험을 통해 인과 법칙이 작용하는 관습적 세계를 인정할 수 있다. 그것을 관습적 진리, 상대적 진리라고 한다. 세상이 관습적으로 존재한다는 사실을 인정한다면 세상이 독립된 실체로 존재하지 않는다는 사실도 인정할 수 있다. 독립된 실체가 없다는 것을 공성空性이라고 한다. 그런 공성이 불교에서 말하는 절대적 진리 즉 궁극적 진리(眞諦)이다. 세상을 바라보는 이 두 가지 관점의 관계는 중요하다. 현상의 세계는 궁극적 진리의 세계와 모순되거나 반대되는 것이 아니라 실체의 궁극적 본성이 성립되는 기반이 되는 것이다.

이 두 가지 진리의 성격과 관계를 이해해야 네 가지 고귀한 진리인 사성제의 의미를 완전하게 이해할 수 있다. 사성제를 이해하면 삼보에 귀의한다는 의미도 확실하게 알 수 있다.

문답

질문: 일반적인 개인이 얻는 깨달음과 부처가 얻은 완전한 깨달음이 어떻게 다른가?

달라이 라마: 모든 사물과 사건의 미세한 무상無常과 일시성에 대한 통찰을 얻었다고 예를 들어 보자.

애초 사물의 속성을 영원하다고 믿고 있는 사람은 사물의 영속성을 굳게 믿을 것이다. 이 확신을 무너뜨리려면 논리적인 분석이 필요하다. 이 추론의 결과로 사물이 영원히 존재하는 것이 아닐 수도 있다는 생각 정도만 들어도 사물의 영원성에 대한 믿음이 다소 약해진다. 이렇게 추론 자체가 영향을 미칠 수 있다.

하지만 비판적 추론만으로는 부족하다. 논리적인 분석을 통해 사물이 영원히 존재하지 않는다는 무상無常에 대한 인식이 강화되어야 한다. 사실 이것만으로도 부족하다. 더 큰 확신이 필요하다. 사물이 영원하지 않는다는 강한 확신은 끊임없는 숙고를 통해서 얻을 수 있는데 이 숙고는 무상에 대한 이해로 이어진다.

여기서 끝나는 것이 아니다. 무상에 대한 이해가 우리의 행위에 확실하게 영향을 미치려면 사물의 무상에 대한 직접적인 통찰이나 직관적인 체험이 필요가 있다. 그 다음에 체험을 더 강화할 필요가 있다. 영원에 대한 인식이 의식에 깊이 박혀 있으면 단 한 번의 통찰만으로 영원에 대한 인식을 뿌리 뽑기가 어렵다. 영원에 대한 미세한 집착까지도 근절하려면 우리의 통찰이 깊어져야 하는 긴 과정이 필요하다.

이러한 과정은 사물의 공성을 통찰하는 이 경우뿐 아니라 다른 원리를 통찰할 때에도 적용될 것이다.

하지만 수행의 또 다른 측면은 지식보다는 착한 마음을 강화하는 것과 관련이 있다. 착한 마음을 강화하는 경우에도 처음에는 자비심이 무엇인지에 대해 지성적으로 이해를 해야 한다. 그리고 자비심을 강화시키는 방법에 대해 알아야 한다. 그 다음에 수행의 결과로서 일종의 가장한 착한 마음을 경험할지도 모른다. 예를 들어, 가만히 앉아서 자비심에 대해 깊이 생각하면 자비심이 일어날 수도 있다. 하지만 그 자비심은 오래 지속되거나 주변에 전달되지도 않을뿐더러 마음에서 우러나오지도 않는다. 그래서 필요한 것은 자비심을 깊이 경험한 다음 저절로 자비심이 일어나게 하는 것이다. 더 이상 지성에 의존하지 않는 자비심이어야 한다. 자비심을 느껴야 할 상황에서는 자비심이 저절로 일어나야 한다. 이런 경험이 쌓이고 쌓이면 급기야 보편적인 자비심이 될 수 있다. 이것이 수행의 한 면이다. 이 수행 역시 오랜 과정을 필요로 한다.

수행(道)의 이 두 측면을 전통적인 불교 용어로는 방편(방법)과 지혜라 한다. 방편과 지혜는 함께 가야 한다. 통찰을 향상시키고 심화하려면 방편 측면에서 보리심이라는 보완 요소가 필요하다. 마찬가지로 보리심에 대한 깨달음을 향상시키고 심화하고 강화하려면 그것을 확립하는 통찰이 필요하다. 따라서 우리는 방편과 지혜를 결합한 접근법이 필요하다.

마찬가지로 단 하나의 방편에만 의존하는 접근이 아니라 여러 가지 방편을 결합한 접근이 필요하다. 앞에서 설명한 사물의 무상을 통찰하는 경우, 그 통찰 자체가 영속에 대한 집착을 극복할 수는 있을지 모르지만 특별한 통찰을 완성하기 위해 더 많은 보완적 요소들이 필요하다. 우리 마음을 제약하는 아주 다양하고도 많은 족쇄가 있기 때문에 그렇다. 사물이 영원하다고 집착할 뿐만 아니라 사물에 독립되고 객관적인 실체가 있다고 집착하는 것도 문제이기도 하다. 독립된 실체가 없다는 공성에 대한 통찰을 길러야 집착과 잘못된 생각을 없앨 수 있다.

여기서 다루고 있는 내용은 개인의 의식을 완성하기 위해 나아가는 매우 복잡한 과정이다.

질문: 귀의한다는 것의 정확한 의미가 무엇인가?

달라이 라마: 귀의의 본질은 법이 해탈하기 위한 수단으로서 효과가 있음을 깊이 확신하고, 해탈을 성취하려는 강한 열망을 증진시키는 것이다.

일반적으로 부처님(佛)은 우리에게 수행의 길(道)을 보여준 스승이고, 법(法)은 실제적인 귀의의 대상이며, 승가(僧)는 같은 수행을 하는 동행들이라고 한다. 따라서 법에 대한 깊은 확신은 부처님과 승가에 대한 깊은 믿음과 존경을 증진시키기 위한 전제 조건이다.

다르마키르티(法稱)[14]는 『올바른 인식의 집성서에 대한 주석』이라는 저술에서 "부처님은 깨달음을 성취한 스승이

---

14 7세기에 생존했던 인도의 불교학자.

다."라는 사실이 타당하고 신뢰할 수 있음을 합리적으로 증명하기 위해 노력한다. 그는 자신의 주장을 입증하기 위해 부처님의 가르침을 철저하게 검토하고, 사성제에 대한 부처님의 가르침이 추론과 타당한 개인의 경험에 근거하고 있기 때문에 신뢰할 수 있다는 것을 논증했다. 여기서 요점은 우리는 우선 법의 진리를 인정한 다음에 부처님을 진정한 스승으로 인식해야 한다는 것이다.

하지만 극히 모호한 영역에 있어서는 가끔 반대의 논리가 적용된다. 다시 말해 모호한 문제들에 대해 부처님이 설명한 것을 신뢰할 수 있는 것은 부처님이 믿을 만한 스승이기 때문이다. 이것은 복잡한 추론 과정이다. 이런 논증을 받아들이려면 사성제에 대한 부처님의 가르침이 옳다고 믿는 것에서 시작해야 한다. 개인적으로 네 가지 고귀한 진리인 사성제에 대한 통찰을 얻고 나면 부처님을 깊이 신뢰할 만한 스승이라 확신하게 된다. 논리적으로 분석해야 할 부분에 있어서 부처님의 가르침이 믿을 만하고 합리적이라는 것이 입증되었기 때문에 우리가 모호하게 여기는 문제에 있어서도 부처님 말씀을 신뢰할 수 있다고 확신을 하게 된다. 그러므로 삼보에 귀의하는 것의 완전한 의미는 법에 귀의하는 것에서 나온다.

질문: 혼자 마음으로 귀의하는 것이 가능하다면 왜 의례나 의식을 통해 귀의를 하는가?

달라이 라마: 불교에는 수많은 계율―보살계·밀교계·해탈계(출가자의 계율)·재가자의 계율―이 있다. 보살계는 부처님을 상징하는 불상이나 탱화 앞에서 받을 수 있다고 하며, 보살계를 살아 있는 다른 사람에게서 받아야만 하는 것은 아니라고 한다. 하지만 금강승계金剛乘戒와 해탈계解脫戒는 반드시 다른 사람에게서 받아야만 하는데 금강승계와 해탈계를 받으려면 전승된 계맥이 필요하기 때문이다. 지도자나 다른 사람 앞에서 수계를 하는 이유는 큰 책임감을 부여하기 때문이다. 그러면 양심상 약속과 의무를 지키게 된다.

질문: 잘못된 행동을 하고 있는 사람을 본다면 그가 잘못된 행위를 하지 못하도록 막아야 하는가? 아니면 그의 업에 맡겨야 하는가? 다시 말해 자신의 고통을 통해 더 많은 것을 배울 수 있도록 내버려두는 것이 더 나은가?

달라이 라마: 잘 알고 있겠지만 수행하는 불자는 다른 사람을 도울 때 신중하게 접근해야 한다.

여기서 우리가 알아야 할 것은 남을 돕는 것의 불교적 의미이다. 업의 법칙에 순응해서 진정한 해탈에 이를 수 있도록 하는 것이 타인을 돕는 것이다. 업의 법칙에 순응한다는 것은 부정적인 행동을 하지 않고 긍정적인 행동을 하는 것이다. 일반적으로 말해서 불자라면 남들이 잘못된 행동을 할 때 그것을 하지 못하도록 하는 것이 옳다.

하지만 이 대목에서 몇 가지 문제점을 제기할 수 있다. 자신의 도덕성이나 가치관을 어디까지 타인에게 강요할 수 있는가? 열 가지 나쁜 행동[15]을 피하고 도덕적인 삶을 살라고 제자들에게 가르친 부처님의 규정 역시 부처님의 도덕적 가치관을 우리에게 강요하는 것은 아닌가 하는 의구심이 들 수도 있다.

---

15 우리가 피해야 할 열 가지 부정적인 행위들(十惡)은 살생·도둑질·간음·거짓말·이간질·쓸데없는 수다·험담·탐욕·잉심·그릇된 견해에 매달리는 것이다. 처음 세 가지는 몸으로, 그 다음 네 가지는 말로, 마지막 세 가지는 마음으로 짓는 행위들이다.

불교에서 중요하게 여기는 원칙은 개인의 상황을 세심하게 배려하는 것이다. 이것을 기억해야 한다. 좋은 예가 있다.

부처님의 뛰어난 제자, 샤리푸트라 이야기이다. 그는 능력이 뛰어난 제자 오백 명을 대상으로 성문승聲聞乘[16]에 관한 기본적인 가르침을 준다면 그들이 진리를 깨닫고 아라한[17]이 될 것이라고 확신했다. 그런데 문수보살이 성문승에게 알맞은 가르침 대신에 제자들에게 대승大乘[18]의 공성론空性論을 가르쳤다. 오백 명의 제자들은 문수보살이 가르친 공성을 완전한 허무주의로 이해했고, 모든 것의 실체와 타당성을 부정했다. 그들은 수행(道)과 실체의 본성에 대해 잘못된 견해를 가졌기에 그 인과로 인간 세계보다 낮은 악도惡道에 환생하게 될 업을 지었다고 한다.

---

16 성문승(Śravakayāna)은 사성제를 기반으로 한다. 성문승을 따르는 수행자는 아라한이 되어 윤회의 고통에서 해탈하는 것을 목표로 한다. 보살과는 달리 성문승들은 모든 중생을 돕기 위해서 깨달음을 얻으려는 열망을 갖지 않는다.

17 성문승의 최종 목표는 아라한(아르하트 ārhat)이 되는 것이다. 그것은 환생을 벗어난 열반의 한 형태이기는 하지만 부처의 상태에 도달하지는 못했다. 티베트어로는 적敵을 정복한 사람을 의미한다. 적은 부정적 감정을 뜻한다.

18 마하야나Mahāyāna라고 하며 위대한 수레라는 뜻이다. 보살승菩薩乘이라고도 한다. 대승은 모든 중생이 완전한 부처의 경지에 도달하는 것을 돕고, 중생이 부처가 되는 것을 목표로 하기 때문에 위대하다.

그러자 샤리푸트라는 곧바로 부처님을 찾아가 탄원을 했다. 만일 문수보살이 자신에게 이 오백 명을 지도하도록 허락을 했다면 제자들이 완전한 깨달음까지는 아니더라도 최소한 높은 경지의 깨달음을 성취했을 것이라고 주장했다. 이에 부처님은 사실상 문수보살이 숙련된 방편(善巧方便)을 사용한 것이라고 답했다. 짧게 보면 제자들이 잘못된 견해로 인해 부정적인 행동들을 하겠지만 공성에 대한 가르침이 그들 의식에 심어졌기 때문에 나중에 그 씨앗이 자라면 결국은 완전한 깨달음에 이를 것을 문수보살은 이미 알고 있었던 것이다. 그래서 실제로는 부처의 경지로 가는 길(道)이 단축되었다.

　이 이야기가 주는 교훈은 우리가 완전한 깨달음에 이르기 전까지는 무엇이 올바른 대응이고 무엇이 올바른 대응이 아닌지를 판단하기가 매우 어렵다는 것이다. 우리는 다른 사람과 소통할 때 각자가 처해 있는 특별한 상황에 대해 섬세하게 대처하기 위해 최선을 다하는 수밖에 없다.

질문: 가족과 직업을 가진 재가 불자가 체계적으로 법(다르마)을 수행할 수 있는 방법이 있는가?

달라이 라마: 나의 서양 친구들은 가장 빠르고, 가장 쉽고, 가장 효과적이고, 가장 싸게 먹히는 수행 방법을 종종 나에게 묻는다. 그런 방법을 찾기란 거의 불가능한 것 같다. 가장 빠르고, 가장 쉽고, 싸게 먹히는 수행법을 찾는 것 자체가 실패할 징조인지도 모르겠다!

실제로 다르마 수행은 하루 24시간 내내 해야 하는 것임을 우리는 인식해야 한다. 그런 까닭에 실제 명상을 하는 시간과 명상을 하지 않는 시간을 구분하기도 하는데 우리가 명상을 할 때나 명상을 하지 않을 때에도 완전히 다르마 수행의 영역 안에 있어야 한다는 개념이다.

사실상 우리의 수행이 얼마나 단단한지는 명상 이후, 일상생활을 하는 과정에서 드러난다. 명상을 하는 시간은 배터리를 충전하는 시간이라 볼 수 있다. 그런 의미에서 명상을 끝낸 사람은 일상생활에서 요구되는 사소한 것들에 잘 대처할 준비를 한 셈이다. 배터리를 충전하는 목적은 기계를 작동하기 위해서이다. 마찬가지로 수행 역시 우리 자신을 잘 충전해서 일상생활을 다르마의 원칙에 따라 잘 영위하기 위해서 하는 것이다.

물론 초보자의 경우, 처음에는 집중적으로 명상을 하

는 시간들이 필요하다. 수행을 할 수 있는 토대가 이 기간에 형성된다. 이것은 참으로 중요하다. 토대가 형성되고 다르마의 원리에 따라 일상을 꾸려갈 수 있을 것이다. 여기서 강조하는 것은 노력(精進)의 중요성이다. 노력이 없이는 우리 일상과 다르마를 통합할 수 없다.

진지한 수행자들이라면 더욱 진지한 정진이 필요하다. 짧은 기도문 몇 편 외우고, 염주를 돌리며 만트라mantra[19]를 암송하는 것으로는 부족하다. 왜 그럴까? 그런 것으로는 우리 마음을 변화시킬 수 없기 때문이다. 우리 내부에 있는 부정적인 감정들이 너무 강해서 그것들을 없애려면 끊임없이 정진을 해야 한다. 끊임없이 수행하면 분명히 변할 수 있다.

질문: 상대적 자비와 절대적 자비는 어떻게 다른가?

달라이 라마: 자비의 의미를 이해하는 데 있어 대승 불교

---

19 한역으로는 진언眞言이라고 한다. 만트라는 최고의 깨달음을 소리의 형태로 나타낸 것이다. 밀교 관상 수행에서 지혜 신, 이담yidam을 부르기 위해서 만트라를 사용한다.

관점과 금강승金綱乘 관점이 다르다. 예를 들어, 금강승은 대승 불교와 동일하게 자비(카루나)라는 말을 사용하지만 완전히 다른 의미를 갖고 있다.

　아마 이 질문은 경전에서 자비를 두 단계로 구분하는 것과 관련된 것 같다. 첫 단계에서 자비는 설정된 것이다. 이때는 자비심을 일으키기 위해서 여러 명상 수행을 해야 한다. 이 수행의 결과로 두 번째 단계에 도달하게 된다. 이때 자비심은 자연스럽고 자발적이다. 이것이 상대적 자비와 절대적 자비의 차이를 이해하는 방법 가운데 하나이다.

제2장 사성제 소개

이제 본격적으로 사성제(네 가지 고귀한 진리)에 대해 살펴보자. 왜 사성제를 부처님의 근본 가르침이라고 하는가, 부처님은 도대체 왜 사성제를 가르쳤는가 하는 질문이 나옴 직하다.

이 질문에 대답을 하기 위해 먼저 개인의 경험과 사성제에 대해 생각해 보자. 우리 모두는 행복을 바라고 고통을 피하고 싶어 하는 선천적 욕망을 갖고 있다. 이는 아주 자연스러운 일이다. 매우 본능적인 일이라 증명할 필요도 없다. 행복은 우리 모두가 얻고 싶어 하는 것이며 그 열망을 충족시킬 권리도 당연히 갖고 있다. 마찬가지로 고통은 모두가 피하고 싶어 하는 것이며 우리는 고통을 없애려고 노력할 권리도 갖고 있다. 따라서 행복을 바라고 고통을 피하려는 이 열망이 지극히 자연스러운 것이고 당연한 것이라면 문제는 과연 우리가 이 열망을 어떻게 실현할 것인가이다. 이것이 우리를 사성제에 대한 가르침으로 이끈다.

사성제는 두 쌍의 인과—원인과 결과—관계를 이해해야 한다. 하나는 우리가 겪는 고통은 무無에서 오는 것이 아니라 원인과 조건의 결과로 발생하는 것이다. 또 하나는 우리가 누리는 행복 역시 원인과 조건의 결과로 발생하는 것이다.

불교에서 말하는 행복은 감정의 상태에 국한되지 않는다. 고통이 완전히 사라진 상태인 소멸이 감정의 상태는 아니나 지고한 형태의 행복이라 할 수 있다. 소멸은 고통이 완전히 없어진 것이기 때문이다. 여기서 다시 말하자면 소멸(滅) 또는 진정한 행복은 무無에서 생기거나 원인 없이 생기지 않는다. 물론 이것은 미묘한 문제이다. 불교의 관점에서 보는 소멸은 조건에 의해 발생하는 것이 아니다. 그래서 소멸이 어떤 원인에 의해 만들어진다거나 발생한다고 말할 수 없다. 하지만 개인적인 차원의 수행이나 정진으로 소멸의 상태를 실현할 수 있고, 소멸을 성취할 수 있다. 이런 의미에서 소멸로 이끄는 수행(道)이 소멸의 원인이라 말할 수 있다.

사성제의 가르침은 두 쌍의 인과—고통을 만드는 원인과 행복을 만드는 원인—를 명백하게 구분한다. 이를 일상에서 우리가 잘 구분하여, 행복해지고 고통을 없애고픈 큰 열망을 실현토록 하는 것이 이 가르침의 목적이다.

이것이 부처님이 사성제를 가르친 연유임을 깨닫고 나면, 사성제의 순서에 대해 의문이 들지도 모른다. 왜 고통으로 시작해서, 고통의 원인, 고통의 소멸, 행복이라는 순서대로 사성제를 가르치는가? 사실 사성제를 설명하는 순서는 실제로 사물이 발생하는 순서와는 아무 관련이 없다는 것을 알아야 한다. 사실 사성제의 순서는 개인이 부처님의 가르침을 수행하고, 그 수행을 기반으로 깨달음을 성취하는 방식과 관련이 있다.

마이트레야(彌勒)[20]가 『보성론寶性論』에서 말하길 병을 치료하는 데에는 네 단계가 있다고 했다.

20 현재의 우주 겁에서는 다섯 번째 부처로, 미래에 올 부처이다. 대승의 많은 가르침이 마이트레야에게서 영감을 받아 저술되었다고 한다.

병을 진단하고, 병의 원인을 제거하고, 건강한 상태가 되면 치료가 완성되는 것과 마찬가지로 고통도 고통의 원인을 알고, 고통의 원인을 제거하고 고통이 사라진 상태가 되면 수행이 완성된 것이다.[21]

마이트레야는 환자를 치유하는 과정에 비유하며 사성제에 의거해 깨달음을 성취하는 방법을 설명했다. 환자가 건강해지려면 제일 먼저 자신이 아프다는 것을 알아야 한다. 아프다는 것을 알아야 치료를 받겠다는 생각이 들 것이다. 아프다는 상태를 인정하면 왜 아프게 되었는지, 무엇 때문에 악화되었는지를 알기 위해 자연스럽게 노력할 것이다. 병의 원인과 악화된 이유를 확인한 다음에야 병을 치료할 수 있는지 없는지에 대해 알게 된다. 그러면 병을 치료해야겠다는 의지도 생길 것이다. 단지 희망에만 그치는 것이 아니라 병에 걸린 이유를 알아내면 치료를 할 수 있

---

21 켄Ken과 카티아 홈즈Katia Holmes가 번역한 『불변의 본성(The Changeless Nature)』 (Karma Drubgyud Darjay Ling, UK, 1985) p.135를 보라. 『보성론實性論(Uttaratantra)』 은 라트나고트라비하가Ratnagotravibhāga라고도 한다.

다는 확신과 신념이 생기고, 확신이 있기 때문에 치료에 대한 의지도 더 강해질 것이다. 그 확신으로 우리는 필요한 치료를 모두 받을 것이다.

마찬가지로 우리가 고통스럽다는 것을 알지 못한다면 고통에서 벗어나겠다는 욕구가 애초에 일어나지 않을 것이다. 따라서 우리가 수행하는 불자로서 가져야 하는 첫 자세는 현재 상태가 고통스럽고, 좌절을 느끼게 하는 상황이며 불만족스럽다는 것을 인식하는 것이다. 그때서야 우리는 고통을 일으킨 원인과 조건을 찾아내고 싶어질 것이다.

우리 모두가 고통스러운 상태에 있다는 것을 인정하라고 불교에서 강조하는 맥락을 이해해야 한다. 이는 매우 중요하다. 이 부분을 제대로 이해하지 않으면 불교의 세계관을 오해할 수 있다. 불교가 건강하지 못한 사고와 근본적으로 염세적인 세계관과 고통스러운 현실에 대해 강박관념을 갖고 있다고 생각할 수 있다. 그런 위험이 다분히 있다. 부처님이 고통의 본질에 대해 그렇게 강조한 이유는 그것에 대한 대안이 있기 때문이다.—탈출구가 있으며, 실제로 고통에서 벗어나는 것이 가능하다. 그렇기 때문에 고통의 본성을 깨닫는 것이 매우 중대하다. 고통에 대한 통찰이 더 강하고 더 깊을수록 고통에서 벗어나려는 열망도 더 강해지기 때문이다. 불교에서 고통의 본성을 강조하는 까닭을 이렇게 넓은 관점에서 보아야 한다. 불교적 관점에서는 고통에서 완전히 벗어나는 것이 가능하다고 인정한다. 해탈이라는 개념이 없다면 많은 시간을 투자해 고통에 대해 숙고하는 것이 무슨 의미가 있겠는가.

앞에서 언급한 두 짝의 인과 중에서 한 짝은 깨닫지 못한 중생들이 겪는 과정을 가리키는 것으로 고통의 원인과 고통의 인과 관계를 말한다. 다른 한 짝은 깨달은 사람들이 겪는 과정을 가리키며, 그것은 수행(道)과 진정한 소멸(滅諦)의 인과 관계를 말한다. 부처님은 이 두 가지 과정을 상세히 설명할 때 '열두 고리(nidana)의 의존적 발생(十二緣起)'[22] 이라는 것을 가르쳤다. 니다나는 윤회[23]의 열두 고리들이며, 그것은 무지(無明)에서 시작해서 무지로 인한 의지 작용(行), 의식으로 인한 작용(識) 등의 순서로 진행되어 늙음과 죽음으로 끝난다. 깨닫지 못한 중생의 인과적 과정 —고통과 고통의 원인들 속에서 이어지는 삶—을 자세하게 설명할 때, 십이 연기의 순서는 무지로 시작해서 무지로 인한 의지 작용, 의식으로 인한 작용 등으로 진행된다.

이 순서는 중생이 어떤 원인과 조건 때문에 깨닫지 못하는지를 설명하는 과정이다.

하지만 깨닫지 못한 중생이라 할지라도 정신적 수행을 한다면 그는 이 과정을 역전시킬 수 있으며 역전의 과정은 깨달음으로 이끄는 과정이기도 하다. 예를 들어, 무지의 연속체가 소멸하면 무지로 인한 의지 작용이라는 연속체가 소멸할 것이다. 무지로 인한 의지 작용이 소멸하면 의지 작용을 부추기는 의식 작용도 소멸할 것이다. 나머지도 같은 과정으로 소멸할 것이다. 어떤 의미에서는 두 짝의 원인과 결과를 설명한 사성제를 자세하게 설명한 것이 바로 십이연기에 대한 가르침임을 알 수 있다.

---

22 십이 연기十二緣起는 12개의 인과적 연결을 형성하여 중생을 윤회하는 존재로 묶어 두고 고통을 영속시킨다. 이 고리들은 삶의 수레바퀴라는 유명한 불교 탱화에서 묘사되는데 여섯 가지 세계(육도六道)와 그곳에 태어나는 다양한 원인을 예시한다. 시계 방향으로 바퀴를 돌고 있는 고리들은 1)무지(無明) 2)무지로 인한 의지 작용 또는 업의 행동(行) 3)의식으로 인한 작용(識) 4)이름과 모습으로 인한 작용(名色) 5)감각 기관으로 인한 작용(六處: 눈·귀·코·혀·몸·마음) 6)접촉으로 인해 일어나는 마음 작용(觸) 7) 감각(受) 8)애착(愛) 9)집착(取) 10)업력으로 만들어진 것(有) 11)출생(生) 12)늙음과 죽음(老死) 등이다.
23 산스크리트 어로 상사라samsāra이다. 깨닫지 못한 중생이 부정적 감정들과 업에 떠밀려 환생을 끝없이 반복하는 것을 말한다.

사성제의 첫 번째 진리는 고통에 대한 진리(苦諦)이다.

불교 내 다양한 학파들은 '진리'라는 말을 서로 다른 방식으로 해석한다. 예를 들자면 보통 사람과 성자(arya)를 구분하는 데 있어 귀류 논증 중관파(歸謬論證中觀派)와 성문승(聲聞乘)은 근본적으로 해석이 다르다. 성문승은 어떤 사람이 사성제(네 가지 고귀한 진리)를 직관적으로 직접 통찰할 수 있는 힘을 가졌는가에 따라 보통 사람과 성자를 구분한다. 귀류 논증 중관파는 그런 기준을 인정하지 않는다. 보통 사람들이라도 사성제를 직관적으로 직접 인식할 수 있다고 생각하기 때문이다. 이 부분을 더 깊이 다루면 설명이 복잡해지니 이정도로만 설명하겠다.

대신에 두카duhkha(고통)의 의미에 대해 설명을 하겠다.

두카는 고통스러운 경험의 토대이자 근거이다. 일반적으로 고통이라는 것은 업業이나 미혹 그리고 번뇌에 의해 지배를 받는 우리 존재의 상태를 가리킨다. 아상가(無着)[24]가 『지식의 집성서』에서 말하는 것처럼 두카의 개념은 우리가 사는 환경과 그 속에서 살고 있는 존재들을 포괄한다.

고통스러운 세 가지 세계

깨닫지 못한 중생이 사는 세상을 이해하려면 불교의 우주론[25]을 간략히 살펴야 한다. 불교의 가르침에 따르면 세상은 욕망의 세계(欲界), 정묘한 물질로 이루어진 세계(色界), 물질을 초월한 세계(無色界)[26] 등의 세 가지 세계가 있다.

---

24 4세기경 생존했던 인도의 위대한 불교학자이며 바수반두(世親)의 형이다. 마이트레야(彌勒)에게서 영감을 받아서 대승 불교의 중요한 논서를 많이 저술했다. 유식학파를 지지하는 학자로 알려져 있다.
25 불교의 우주론에 대한 상세하게 서술한 『Myriad Worlds』by Jamgon Kongtrul (Snow Lion, 1995)를 보라.
26 인간 세계는 욕계欲界의 일부이다. 물질을 초월한 세계인 무색계無色界는 미세한 물질로 이루어진 색계色界보다 더 감지하기 어렵고, 색계는 욕망의 세계보다 더 감지하기 어렵다.

우리 대부분은 이 세 영역을 어떻게 이해할 것인가로 어려움을 겪는다. 특히 정묘한 물질로 이루어진 색계와 물질을 초월한 무색계를 어떻게 상상해야 하나? 경전에서 부처님이 말씀하셨다는 것만으로는 부족하다. 경전에 기록되어 있다는 것만으로 우리가 그 세계를 인정해야 하는 것은 아니다. 그것은 타당한 이유가 되지 않는다. 아마도 가장 유용한 접근법이라면 그 세계들이 상이한 의식 수준을 의미한다는 차원에서 이해하는 것이다. 예를 들어, 불교에서 깨달은 존재와 깨닫지 못한 존재를 구분하는 기준은 각자의 의식 수준이다. 마음을 통제하지 못하고, 다스리지 못하는 사람은 윤회를 하거나 고통스러운 상태에 머물러야 하는 반면에 마음을 통제할 수 있고 다스릴 수 있는 사람은 열반(니르바나)의 상태 또는 궁극적으로 평온한 상태에 머물 것이다.

대승 불교에서 보통 사람들과 성자를 구분하는 기준 역시 각자의 의식 수준과 깨달음의 수준이다. 대승 불교에서도 독립된 실체가 없다는 공성이나 실체의 궁극적 본성을 직관적으로 직접 깨달은 사람은 누구든 성자라고 하고, 그런 깨달음을 얻지 못한 사람을 보통 사람이라고 부른다.

욕계·색계·무색계—세 가지 세계에 관해서는 개인이 성취한 의식의 수준이 더 미세해질수록 그가 머물 수 있는 세계도 더 미세해진다.

예를 들어, 일반적으로 탐나는 물건을 보면 욕심을 내고, 쾌락에 대한 집착이 강한 사람은 감각적인 모든 것에 집착을 일으키기 쉽다. 그런 사람은 물리적 대상에 대한 집착, 집착이 진행되는 과정, 감각적인 경험에 대한 집착 때문에 현생은 물론 다음 생에서도 욕계欲界 갇히는 존재가 되고 만다. 반면에 직접 지각되는 대상에 대한 집착과 육체적 감각에 대한 집착을 초월했지만 내면의 기쁨과 환희 같은 것에 집착하는 사람들이 있다. 이런 유형의 사람은 훨씬 정화된 형태의 육체적 조건을 갖춘 존재로 태어날 원인을 만든다.

더 나아가 육체적 감각뿐만 아니라 내면의 기쁨이나 환희에 대한 집착도 초월한 사람도 있다. 이들은 평온하고 고요하다. 의식 수준도 앞의 두 유형들 보다 훨씬 미세하다. 하지만 이들도 특정한 존재 방식에 집착을 하고 있다. 그들의 내면 가운데 거친 부분은 정묘한 물질로 이루어진 색계色界의 제4 단계로 이어지는 반면에 평온하고 고요를 향한 미세한 집착은 물질을 초월한 무색계無色界로 이어진다. 이런 식으로 삼계三界를 의식의 수준과 관련시켜 볼 수 있다.

이 우주론을 기반으로 불교에서는 생성되고 해체 과정을 거쳐 다시 생성되는 우주의 무한한 진행 과정을 이야기한다. 이 과정을 존재의 세 가지 세계와 관련시켜 이해해야 한다. 설일체유부說一切有部의 아비다르마 문헌들[27] (형이상학과 심리학에 대한 불교 논서로 티베트 불교에서는 이것을 참조한다.)에 따르면 색계色界의 제3 단계 이하 단계에서는 끊임없이 생성과 해체의 과정을 겪는다. 색계의 제4 단계 이상과 무색계의 세계는 물리적 우주의 진화 과정이라고 불리는 범위를 벗어나 있다.

이 무한한 진화 과정은 현대 과학의 빅뱅 개념과 매우

---

27 초기 불교의 가르침은 계율을 담은 율장律藏(Vinaya)과 부처님의 설법을 담은 경장經藏(Sūtra)과 불교 학자들이 지은 주석서와 논서인 논장論藏(Abhidharma)으로 구분된다. 현재 두 종류의 아비다르마 전집—팔리 어로 기록된 상좌부(테라바다Theravāda)의 전집과 산스크리트 어로 기록된 설일체유부說一切有部(Sarvastivāda)의 전집—이 남아 있다. 티베트에서는 설일체유부의 아비다르마만 가르쳤다. 불교의 우주론에 대한 중요한 설명은 바수반두Vasubandhu(世親)의 『아비다르마 코샤Abhidharmakoṣa(俱舍論)』의 제3 장에 나와 있다. 레오 프루덴이 이 책을 영어로 번역했다. (Berkeley Califonia, Asian Humanities Press, 1991)

유사하다. 빅뱅이라는 과학적 우주 이론에서 오직 단 한 번의 빅뱅으로 모든 것이 시작되었다고 한다면 이는 기본적인 불교 우주론과 맞지 않다. 이 경우, 불자들은 손톱을 깨물며 어째서 빅뱅 이론이 불교에서 말하는 우주 진화 과정 개념과 모순되지 않는지를 설명할 수 있어야 할 것이다. 하지만 만일 빅뱅 이론이 최초에 일어난 빅뱅만을 인정하는 것이 아니라 여러 번의 빅뱅을 인정한다면 불교에서 이해하는 진화 과정과 확실하게 일치할 것이다.

설일체유부의 아비다르마는 우주가 각 순환 주기에 따라 해체되는 정확한 방법에 대해서도 설명한다. 물리적 우주가 불에 의해 파괴될 때는 색계의 제1 단계 세계만 파괴된다. 물에 의해 파괴될 때는 색계의 제2 단계 이하가 파괴된다. 바람에 의해 파괴될 때는 색계의 제3 단계 이하가 파괴된다. 이렇게 불교의 우주론에서는 물리적 우주의 진화를 불, 물, 바람, 흙이라는 네 가지 요소로 이해한다. 일반적으로 이 4대 요소에 공간이라는 요소를 더해 5대 요소를 만든다. 5대 요소가 해체되는 방식에 대한 복잡한 논의는 아비다르마뿐만 아니라 『보성론寶性論』에서도 볼 수 있다. 이 설명들은 현대 과학 이론들과 매우 유사하다.

그렇다고 해서 아비다르마 문헌에 나온 설명들을 항상 문자 그대로 받아들이면 안 된다. 예를 들어, 아비다르마에 따르면 우주 중심에 수미산이 있고 그 주위를 네 개의 대륙이 둘러싸고 있다고 한다. 많은 아비다르마 논서에서 묘사하는 해와 달의 크기 역시도 현대 과학에서 설명하는 것과 다르다. 아비다르마 논서에 실린 내용이 옳지 않다는 것이 과학적으로 입증되었다면 우리는 과학자들의 결론을 받아들여야 한다.

불교에서 물리적 우주의 진화를 어떻게 이해하는지, 또 넓은 의미에서 환경을 어떻게 이해하는지를 매우 간략하게 설명했다. 이제 자연 환경에서 사는 중생들에 대해 말하고자 한다. 불교에서는 자연 환경에서 사는 생명체가 다양하다고 본다. 육체의 형태를 가진 존재들과 형태가 없는 것는 존재가 있다. 우리에게 익숙한 이 세상에는 우리의 감각으로 지각할 수 있는 많은 존재들이 있는가 하면 신神처럼 우리가 지각할 수 없는 존재들도 있다.

일반적으로 불교에서는 인간으로 태어나는 것이 다르마를 수행하는 데 도움이 되기 때문에 인간을 가장 이상적인 존재로 여긴다. 신으로 태어나는 것은 인간으로 태어나는 것보다 못하다고 간주한다. 신의 존재는 다르마 수행을 하는 데 있어 인간보다 덜 효과적이기 때문이다. 신들은 인간이 갖지 못한 특별한 능력—예지력이나 초자연적인 힘—을 갖고 있을지 모르지만 그들도 인간이 살고 있는 이 세계의 일부라는 사실이 여전히 남아 있다. 이 세상의 모든 존재들은 착각과 번뇌의 지배를 받는다. 어떤 의미에서 세상의 모든 존재들은 착각과 번뇌가 만든 산물이라고 할 수 있다.

총카파는 깨닫지 못한 중생들이 윤회하는 상황을 매우 생생하게 묘사한다. 그는 부정적인 업業, 착각, 번뇌라는 밧줄에 단단히 묶여 있는 사람을 비유로 든다. 자만심과 아집이라는 단단한 그물에 사로잡힌 그들은 고통과 괴로움으로 가득한 흥망성쇠의 물결에 떠밀려 목적 없이 이리저리 흔들린다.[28] 윤회하는 삶은 이와 같다.

28 『수행의 세 가지 측면(Three Aspects of the Path)』 가운데 일곱 번째 게송. 『총카파의 생애와 가르침(Life and Teachings of Tsongkhapa)』 로버트 서먼 (LTWA, Dharamsala, India, 1982)를 보라.

고통의 세 종류

무엇이 고통인가? 이제 이 질문을 할 것이다. 불교에서는 고통을 세 단계 혹은 세 종류로 설명한다. 첫 번째 단계의 고통은 고통스러운 고통, 두 번째 단계의 고통은 변화하는 고통, 세 번째 단계의 고통은 조건에 의해 만들어지는 고통이다.

첫 번째 단계의 고통은 고통스러운 고통(苦苦)이다. 우리 모두가 고통스럽다고 관습적으로 인정하는 고통을 가리킨다. 이런 경험들은 고통스럽다. 중생은 네 가지 경험을 통해 주로 고통스러운 고통을 느낀다. 그 고통들은 윤회하는 삶의 근본적인 것으로 간주된다. 태어나고, 병들고, 늙고, 죽는 것이 바로 네 가지 고통스런 고통이다. 생로병사를 고통으로 인식하는 것이 매우 중요하다. 또 생로병사를 고통이라고 인정하는 것이 정신적인 탐구의 기폭제 역할을 한다는 점은 부처님 일대기에서도 잘 나타나 있다. 부처님이 출가하기 전인 어린 싯다르타 왕자였을 때 병든 사람, 늙은 사람, 들것에 실려 가는 시신을 보았다. 그 고통을 보면서 그는 끊임없는 태어나는 과정에서 벗어나지 않는 한 자신도 늙고 병들고 죽는 세 가지 고통을 끝없이 받을 것이라는 인식을 분명히 하게 되었다. 그 후 싯다르타 왕자는 수행자를 만나고 나서 이 고통스러운 윤회에서 벗어날 수도 있겠다는 확신을 갖는다.

우리가 환생을 하는 동안에는 태어나기 때문에 늙고 병들고 죽는 세 가지 고통도 자연스럽게 따라온다고 불교에서는 생각한다. 우리의 삶은 태어남과 죽음의 순환 과정에 있고, 태어남과 죽음 사이에 병들고 늙는 것과 관련된 다양한 고통들이 있다.

두 번째 단계의 고통은 변화하는 고통(變苦)이다. 이것은 우리가 일반적으로 즐겁다고 생각하는 것들이다. 우리가 깨닫지 못한 상태에 있는 한 우리가 누리는 즐거움들은 번뇌로 물들고 결국은 고통을 가져온다.

명백하게 즐거워 보이는 경험인데 왜 결국은 고통스러운 경험이 된다고 불교에서는 말하는가? 우리가 즐겁다거나 기쁘다고 지각하는 것은 단지 고통스러운 상태와 비교했을 때 고통이 없기 때문에 즐겁다거나 기쁘게 느껴질 뿐이다. 이것이 핵심이다. 즐거운 상태는 상대적일 뿐이다. 그 상태들이 본질적으로 즐거운 상태라고 가정해 보자. 그렇다면 즐거움도 커져야 한다. 고통을 불러올 원인들이 많으면 고통스러운 경험을 많이 하는 것처럼 즐거움을 불러올 원인들이 많으면 즐거움도 커져야 한다. 그러나 현실은 그렇지 않다.

예를 들어 보자. 일상에서 좋은 음식, 멋진 옷, 비싼 보석을 처음 가졌을 때, 한동안 정말로 황홀해 한다. 좋은 물건을 가졌다는 만족감을 즐길 뿐만 아니라 남들에게 자랑을 하면서 또 만족감을 느낀다. 그러나 하루가 지나고, 일주일이 지나고, 한 달이 지나면 큰 기쁨을 선사했던 그 물건 때문에 불만이 생길지도 모른다. 이것이 사물의 본성이다. 사물은 변한다. 동일한 과정이 명성에도 적용된다. 처음에는 마음속으로 이렇게 생각할 것이다. "아주 행복하다. 이제 명성을 얻었어. 내가 유명해졌어!" 하지만 시간이 지나면서 좌절감도 느끼고 불평을 할 수도 있다. 같은 경우가 친구나 연인 사이에서 일어날 수 있다. 처음에는 정신없이 사랑하지만 시간이 좀 지난 다음에 그 사랑이 미움으로 변할 수도 있고, 사랑이 공격으로 변할 수도 있다. 최악의 경우에는 살인으로 이어질 수도 있다. 이것이 사물의 본성이다. 주의 깊게 살펴보면 우리가 탐내는 아름답고 좋은 것이 결국에는 우리에게 고통을 가져온다.

세 번째 단계의 고통은 조건에 의해 만들어진 것(有爲)에 본질적으로 수반되는 고통(行苦)이다. 윤회의 본질적인 고통이다. 여기서 아주 중요한 질문을 하게 된다. 왜 조건에 의해 만들어진 것은 본질적으로 고통스러운가? 대답은 다음과 같다. 윤회하는 모든 것은 무지(無明)에서 비롯되기 때문이다. 무지의 영향을 받거나 지배를 받는 한은 영원히 행복해지는 것이 불가능하다. 어떤 식으로든 문제가 생기고, 말썽이 일어난다. 우리가 무지—사물의 본성에 대한 근본적인 착각이나 혼란—의 힘에 지배를 받고 있는 한 고통은 파도처럼 계속 밀려 올 것이다.

그러므로 세 번째 단계의 고통은 우리가 깨닫지 못한 존재라는 사실에서 비롯된다. 우리는 근본적인 혼란으로부터 영향을 받고, 혼란이 초래하는 악업의 영향을 받는다. 이것을 유위의 고통이라고 부르는 이유는 이렇게 존재하는 것이 지금 생에서 고통스러운 경험을 하게 만드는 토대가 될 뿐 아니라 다음 생에 받을 고통의 원인과 조건을 축적하는 토대가 되기 때문이다. 그래서 조건에 의해 구성된 것 즉 유위의 고통이라고 부른다.

다르마키르티의『올바른 인식의 집성서에 붙인 주석서』
와 아리야데바의『중론사백송^{中論四百頌}』은 이 세 번째 단계
의 고통을 살펴보는 유용한 방법들을 제시하고 있어서 세
번째 단계의 고통을 보다 깊이 이해하는 데에 도움이 된
다. 이 두 저술은 미세한 단계에서 일시적이고, 영구적이지
않은 무상(無常)한 실체의 본성에 대해 숙고할 것을 강조한
다. 여기서 무상에 두 단계의 의미가 있음을 기억해야 한
다. 이는 중요하다. 어떤 것이 생겨나서 잠시 머물다가 사라
지는 것을 무상으로 이해할 수 있다. 이 단계의 무상은 매
우 쉽게 이해할 수 있다. 이 단계에서 덧붙여 생각할 것은
어떤 것이 없어지려면 그것이 지속되지 못하도록 하는 촉
매 작용을 할 보조 조건이 필요하다는 것이다. 무상을 더
미세하게 이해하려면 다음 단계가 있다. 더 미세한 관점에
서 보면 방금 설명했던 명백한 변화의 과정은 더 근원적이
고 역동적인 변화 과정의 결과에 불과하다. 더 깊은 단계에
서는 모든 것이 매순간 끊임없이 변하고 있다. 매 순간 일
어나는 이 변화의 과정은 어떤 것을 파괴하기 위해 가해지
는 이차적인 조건 때문이 아니라 어떤 것을 생기게 한 바
로 그 원인 때문에 파괴되는 것이다. 달리 말해서 발생의

원인에 소멸의 원인이 있는 것이다.

한편, 일시성(찰나성)을 두 가지 방식으로 이해해야 한다. 먼저 어떤 실체가 존재하는 세 순간에 대해 이해해야 한다.—실체는 첫 순간에 발생하고, 두 번째 순간에는 실체가 존재하고, 세 번째 순간에는 실체가 해체된다. 그 다음, 각각의 순간 자체를 이해해야 한다. 순간은 고정된 것이 아니다. 순간은 생기자마자 소멸을 향해 간다.

모든 것은 처음부터 완벽하게 생겨나기 때문에 존재하는 것들은 그 자체를 해체할 인자 내지 잠재력도 함께 갖고 생긴다. 이 점에서 보면 존재가 소멸하는 것은 그 어떤 이차적인 조건에도 의존하지 않는다. 그러므로 불교에서는 모든 현상이 다른 것에 의지해서 생긴다(依他起性)고 한다. 즉 모든 현상의 소멸은 그 현상의 원인에게 지배당한다.

현상의 일시성을 이렇게 이해하고 나면 이 맥락에서 고통(두카)에 대해 이해를 할 수 있다. 그러면 윤회라는 큰 틀 안에서 우리의 삶을 숙고할 수 있다. 세상 만물이 그 자체의 원인과 조건의 결과로 생긴 것이기 때문에 만물의 발생도 다른 것에 의지해서 생겨야 한다는 것이다. 달리 말해서 만물은 그것을 발생하게 한 인과적 과정의 지배를 받아야 한다. 하지만 윤회의 맥락에서 보면 우리가 여기서 언급하고 있는 원인은 다름 아닌 무지와 혼란이 일으키는 미혹함이다. 이 근본적인 혼란인 무지(無明)의 지배를 받는 한 영원한 기쁨이나 행복이 들어설 자리가 없다. 물론 세 가지 세계 안에서도 비교적 더 즐거운 상태가 있을 수는 있다. 하지만 우리가 윤회 속에 남아 있는 한 정묘한 물질로 이루어진 세계(色界)에 있든, 물질을 초월한 세계(無色界)에 있든, 욕망의 세계(欲界)에 있든 기쁨이 영원하지는 않다. 결국 우리는 고통스러운 상태에 있다. 이것이 세 번째 단계의 고통이다.

무지

무지(無明)는 근본적인 혼란이다. 산스크리트 어로는 아비디야(avidya)인데 '알지 못하다'는 뜻이다. 불교의 여러 학파들은 불교의 근본 교의인 무아론無我論을 해석하는 관점에 따라 아비디야도 달리 해석을 한다. 하지만 모든 학파가 공통적으로 근본적인 무지가 우리 존재의 원인이 된다고 주장을 한다. 그 이유는 매우 간단한다. 누구나 행복을 열망하고 누구나 고통을 피하고 싶어 한다는 것을 우리는 경험을 통해 알고 있다. 그런데도 우리는 고통을 불러오는 짓을 할 뿐 영원한 기쁨이나 행복에 이르는 행동을 하지 않는다. 이는 우리가 무지의 틀 안에서 움직이기 때문이다. 이렇게 우리 삶의 밑바탕에는 근본적인 혼란인 무지가 있다.

전통적인 불교의 가르침에 따르면 윤회하는 여섯 세계(六道輪廻)에서 겪어야 하는 고통에 대해 깊이 생각하는 것이 고통의 본성에 대해 깊이 생각하는 한 방법이다.[29] 육도란 지옥, 짐승의 세계, 배고픈 귀신인 아귀의 세계, 인간의 세계, 반신半神의 세계, 신神의 세계를 가리킨다. 그런 세계에 대해 깊이 생각해 본 사람은 윤회의 고통에서 벗어나기 위해 노력할 것이다. 하지만 나를 포함한 많은 사람들은 인간의 고통을 깊이 생각하는 것이 더 효과적일지도 모른다. 불교에서는 인간은 완전한 깨달음을 얻을 잠재력이 있기 때문에 육도윤회를 하는 존재 가운데 가장 바람직한 존재

---

29 티베트 불교에 따르면 윤회 세계에는 여섯 영역(육도六道)이 있다. 각 영역은 특별한 마음의 독이 두드러지는 특징이 있는데 지옥은 분노, 축생은 무지, 아귀는 인색, 인간은 탐욕, 아수라는 질투, 천계는 자만심이 강하게 나타난다.

라고 가르치지만 인간으로 산다는 것이 항상 즐거운 일은 아니다. 인간은 생로병사의 고통을 피할 수 없다. 거기에다 가 무지와 무지가 일으키는 번뇌에 지배받고 있다는 것을 생각해 보면 보통 사람들에게는 다른 세계의 고통을 생각 하는 것보다 인간 세계의 고통을 제대로 인식하는 것이 훨 씬 효과적이다.

앞서 말한 것처럼 불교 경전에서는 무지가 의지 작용을 일으키고, 의지 작용으로 인해 윤회 세계 속에 태어나는 일련의 인과 과정을 십이 연기로 설명한다. 부처님은 연기 에 대해 다음과 같이 말씀했다.

이것이 있으므로 저것이 뒤따른다.
이것이 생겼으므로 저것도 생겨났다.
근본적인 무지가 있으므로 의지 작용이 생긴다.[30]

30 이 말은 『Majjhima Nikāya(中部) I』 p.262, Pali Text Society와 『Majjhima Nikāya III』 p.43, Pali Text Society와 『Saṁyutta Nikāya (相應部) II』 p.28, Pali Text Society에서 찾을 수 있다.

아상가는『지식의 집성서』에서 이 부분에 주석을 달았는데 어떤 것이든 발생하기 위해서는 세 가지 조건이 필요하다고 설명했다. 이 부분을 제대로 이해하면 도움이 될 것 같아 설명을 덧붙이겠다.

이것이 있으므로 저것이 뒤따른다.

모든 현상이 원인을 갖고 있기 때문에 생겨난다는 것이 첫 번째 말씀의 의미라고 아상가는 설명했다. 무한한 인과의 사슬이 있다고 할 수 있다. 모든 것에는 유래되는 제1원인이나 태초의 시작점이 있다는 뜻이 아니다. 아상가는 이 말씀이 "원인이 존재한다는 조건"을 의미한다고 했다.

이것이 생겼으므로 저것도 생겨났다.

아상가는 두 번째 말씀에 주석을 붙일 때 무상無常의 조건을 소개했다. 이 말의 의미는 어떤 것이 단지 존재한다는 사실이 원인이 되어 다른 결과를 만들어 내기에는 부족하다는 의미이다. 어떤 것이 결과를 만들 가능성을 갖기 위해서는 그것 자체가 인과관계를 따라야 한다. 달리 말해서 그것 자체가 다른 여러 원인의 결과로서 생겨야 한다. 이런 이유로 우리는 원인의 무한성에 대해 인식해야 한다. 따라서 단지 존재하는 것 자체가 결과를 초래하지 못한다. 원인은 존재해야 할 뿐 아니라 영원하지 않아야 하고 인과관계를 따라야 한다.

근본적인 무지가 있으므로 의지 작용이 생긴다.

원인이 결과를 초래하는 데 필요한 추가 조건을 가리키는 것이라고 아상가는 설명을 하며, 이것을 '잠재력의 조건'이라고 표현했다. 이 개념은 원인이 특정한 결과를 만들기 위해서는 원인이 존재하고 영원하지 않다는 것만으로는 부족하다는 것이다. 모든 원인이 모든 결과를 만들 수 있는 것은 아니다. 원인과 결과 사이에는 모종의 자연적인 상관관계가 있어야 한다. 예를 들어, 우리 삶이 본질적으로 고통스럽기 때문에 우리는 행복을 원한다. 그러나 무지로 인해 우리 스스로가 더 많은 고통을 만들어 낸다. 이것은 우리 삶의 밑바탕에 무지가 놓여 있기 때문이다. 이와 같이 우리가 얻는 결과는 그것의 원인과 상관관계가 있다.

요약하자면 어떤 것이 생기려면 세 가지 조건이 필요하다. 원인이 있어야 하고, 원인이 영원하지 않아야 하고, 원인이 결과와 서로 관련되어 있어야 한다.

이것을 고려해서 무지(無明)와 의지 작용(行) 사이의 인과 관계를 어떻게 이해해야 할까? 불교는 일반적으로 인과 관계를 철저하게 분석을 한다. 경전에서는 여러 종류의 원인과 조건에 대한 논의가 많지만 주로 근본적으로 원인을 두 종류로 나눌 수 있다. 하나는 물질 원인 또는 실질 원인이라는 것이고, 다른 하나는 기여 원인이라는 것이다. 물질 원인은 결과로 변하는 물질 자체를 가리키는데 물리적 실체를 구성하는 연속체를 예로 들 수 있다. 원인과 결과 사이에는 다른 많은 요소들이 필요한데 그것들을 기여 원인이라고 부른다.

뿐만 아니라 조건이 결과에 영향을 미칠 수 있는 다른 방법들도 있다. 이 방법들은 주로 마음의 복잡한 작용들과 더 관련이 있다. 경전에서는 조건을 다섯 종류로 구분을 한다. 지각의 대상인 객관적 조건, 감각적 지각을 일으키는 감각 기관들, 바로 이전 순간의 의식을 이어주는 '직전의 지각' 같은 것들이다. 이렇듯이 불교에서 인과 관계를 이해하는 방식은 매우 복잡하다.

불을 예로 들어보자. 불을 일으키는 물질적 원인은 무엇일까? 불을 피우는 데 사용되는 연료 안에 불을 일으킬 잠재력이 있고, 그것이 불이 된다. 의식의 경우에는 좀 더 복잡하다. 예를 들어, 감각적 지각이 일어나려면 육체의 감각 기관이 필요하다. 물론 의식이 일어나는 기반인 육체의 신경 조직도 필요하다. 고전적인 불교 경전에서는 신경 조직에 대한 논의가 거의 없지만 이제는 불교 인식론과 심리학에 대한 논의가 추가되어야 할 것이다. 그러나 의식의 실질 원인은 이 물리적 실체들이 아닐 것이다. 의식의 실질 원인은 잠재력이나 성향 같은 것으로 존재한다고 해도 의식 자체의 연속체라는 측면에서 이해해야 한다. 이것은 매우 어려운 주제이지만 우리는 의식의 실질 원인을 미세한 의식의 연속체라는 것을 이해할 수 있다. 하지만 여기서 주의할 점은 모든 사물의 물질적 원인이 그 사물 자체와 정확히 동일하다고 주장해서는 안 된다는 것이다. 그런 주장은 지지를 받을 수 없다. 예를 들어, 우리는 감각적 지각을 일으키는 실질 원인이 항상 감각적 지각이라고 주장할 수 없다. 감각적 의식들은 거친 의식 단계들이며 개인의 신체 기관에 의존하고 있는 반면에 의식의 연속체는 미세한 의식 단계에서 이해해야 하기 때문이다. 따라서 의식의 실질 원인은 실제의 의식 상태라기보다 잠재력의 형태로 있다고 말할 수 있다.

의식

우리가 여기서 말하는 의식意識이란 바깥에 존재하는 단 하나의, 단일한, 단일체인 실체를 가리키는 것이 아니다. 불교 심리학에 말하는 제6식[31]인 심식心識을 가리키는 것이다.

마음을 철저하게 분석하면 일반적으로 우리 마음은 산만한 생각이나 감정, 감각에 의해 지배되기 쉽다는 것을

---

31 불교 심리학은 여섯 가지 기능의 지각 과정(시각·청각·후각·미각·촉각·의식)을 기초로 한다. 각 기능은 감각 기관(눈·귀·코·혀·몸·마음)과 관련되고 특히 그 기관과 함께 작용하는 의식과 관련된다. 따라서 여섯 가지 감각 의식이 있는데 여섯 번째 가 마음의 의식(심식心識)이다.

알 수 있다. 따라서 감정과 산만한 생각이 어떻게 마음속에서 일어나는지 살펴보자.

물론 감정들을 실체의 두 가지 다른 차원에서 생각할 수 있다. 순전히 육체적 차원의 느낌으로서 감정을 말할 수도 있으나 감정을 심식이라는 면에서 이해하면 문제는 훨씬 더 복잡해진다. 의식과 신체의 신경 조직이 서로 연결되어 있다는 것을 당연히 인정하지만 더 깊은 감정의 단계 또는 경험한 느낌이라고 부를 수 있는 것에 대해서도 설명할 수 있어야 한다.

이 분야에 대한 연구는 아직 적은 편이고, 초보 단계에 머물고 있지만 명상가들을 대상으로 한 실험의 결과들을 보면 현재 과학 인식 체계로는 설명하기 어려운 현상들도 있다. 이 실험들은 피실험자가 자발적으로 물리적인 변화를 주지 않고, 어떤 물리적 움직임도 없이 단순히 마음을 한곳에 집중시키는 마음의 힘으로 자신의 생리적 상태에 영향을 줄 수 있다는 것을 보여 준다. 이때 일어난 생리적 변화들은 현재 과학 수준으로는 설명하기 어렵다.

사람의 의식과 모든 경험이 육체에 의존하고 있고 따라서 우리의 몸과 마음이 어떤 의미에서는 서로 분리될 수 없다. 하지만 사람의 마음은 사색, 명상 또는 마음의 훈련을 통해서 강화될 수 있는 어떤 힘을 갖고 있다는 가능성을 그 실험들이 동시에 보여 준다. 더욱이 현대 의학에서는 치료 과정에서 환자의 의지력을 중요하게 여기고 있다. 사람의 의지력이 생리 현상에 영향을 미친다는 것이다. 그렇다면 어떻게 해야 의지력이 향상될까? 어떤 것에 대해서 충분히 생각하고 또 자신의 생각이 합리적이라는 확신하는 데서 비롯된다. 명상을 통해서도 할 수 있다. 어떤 방법으로 향상시키든 간에 의지가 신체적 변화에 영향을 준다는 것을 이제는 많은 사람들이 인정하게 되었다.

이것이 무엇을 의미할까? 우리 마음속에서 일어나는 모든 생각은 뇌 속에서 화학적 변화와 작용을 일으킨 다음에 생리적 변화로 표현된다는 것이 과학적으로 인정되는 것 같다. 그렇다면 번뇌가 없는 순수한 생각도 우리 몸에 영향을 미칠까? 그리고 생각이 신체나 뇌의 화학적 변화의 결과로서만 일어나는 것일까? 그 과정이 처음에는 순수한 생각으로만 시작되고 그 다음에 화학적 변화를 일으키는 사고 과정이 일어나고, 그 결과로 생리적 영향을 촉발하는 것이 가능한지를 나는 과학자들에게 여러 차례 물었다. 대

부분의 과학자들은 의식은 신체적 기반(예를 들어 뇌)에 의존한다고 추정되기 때문에 생각이 발생하는 것은 모두 뇌에서 화학적 변화를 동반하거나 화학적 변화에 기인한다고 대답했다. 내 생각에는 이 추정이 실험적 증명보다는 선입견에 더 근거를 둔 것처럼 보여서 여전히 의문으로 남아 있다. 따라서 깊은 명상에 참여한 수행자들과 협조를 해서 더 많은 연구를 할 필요가 있다고 생각한다.

금강승金剛乘[32]의 문헌들은 의식과 마음에는 여러 미묘한 단계가 있어 에너지의 여러 가지 미묘한 단계들과 상응하는 방식들에 대한 논의도 담고 있다. 이런 설명은 우리가 마음의 본성과 마음 작용을 이해하는 데 큰 도움을 준다.

앞서 본 것처럼 우리 의식적 마음은 우리가 과거에 경험했던 대상들과 관련된 상태—과거에 있었던 경험에 대한 기억은 현재의 의식에게 알린다.—로 구성되거나 과거 기억에 대한 감정이나 감각으로 구성된다. 결과적으로 우리가 의식의 실제 본성을 한눈에 파악하는 것은 매우 어려

---

32 바즈라야나Vajrayāna라고도 하고 밀승密乘(Tantrayāna)이라고도 부른다.

우나 의식의 본성은 순수한 앎의 상태 또는 마음의 명료함이다. 의식의 본성을 보기 위해서 우리가 할 수 있는 한 가지 방법은 앉아서 명상을 하는 것이다. 명상은 우리 마음에서 과거 경험에 대한 생각을 없애고 미래에 대한 모든 근심도 없앤다. 그리고 지금 여기에 머문다. 사실 '현재' 의식이라는 말을 쓰는 것도 옳지 않다. 과거와 미래에 대한 생각들을 우리가 완전히 없애면 그때 우리는 과거와 미래 사이에 있는 공간을 서서히 느끼기 시작한다. 그러면 우리는 현재 순간에 머무는 것을 배우게 된다. 그 공간에서 우리는 독립된 실체가 없다는 공성을 얼핏 보기 시작한다. 우리가 공성에 점점 더 오래 머물 수 있다면, 점차적으로 의식의 본성—마음의 순수한 명료함과 자각—이 서서히 우리 마음속에서 이해되기 시작할 것이다. 반복되는 수행을 통해 이런 시간이 점점 더 길어지면 의식의 본성에 대한 자각이 점점 더 명확해진다.

하지만 마음의 본성인 명료함을 느끼는 자체가 심오한 깨달음이 아니라는 것을 아는 것이 중요하다. 물질을 초월한 세계(無色界)에 환생하는 것은 마음이 명료한 상태에 머문 결과로 간주된다. 반면에 우리가 처음 마음의 명료함을 경험한 것을 토대로 삼아 다른 수행으로 명상을 보완한다면 심오한 경지에 도달할 수 있다.

여기서 나는 고통에 대한 진리(苦諦)에 대한 부처님의 가르침을 어떻게 이해할 것인가에 대해 설명했다. 삶의 본질이 고통스럽다는 것을 제대로 인식했다면 고통의 근원에는 근본적인 무지(無明)가 있다는 것도 이해했을 것이다. 그렇다면 고통의 원인이라는 두 번째 진리로 살펴보자.

문답

질문: 육체를 가진 존재들이 그들이 지니고 있는 복잡한 물리적 본성 때문에 영원하지 않다면 물리적 실체들을 갖고 있지 않은 정신적인 존재들은 영원한가?

달라이 라마: 형태를 갖지 않는 존재 즉 불교에서 말하는 물질을 초월한 세계(無色界)에 존재하는 생명체를 예로 들어보자. 욕계欲界나 색계色界의 존재들과 달리 무색계의 존재들은 육체를 가진 존재들이 겪는 자연적인 쇠퇴의 과정을 겪지 않을 지도 모른다. 하지만 그들 역시 변하는 영원하지 않은 존재들이다. 수명이 한정되어 있기 때문이다. 무

색계 중생 역시 삶의 처음과 끝이 있기 때문에 여전히 변화의 과정을 겪어야 한다.

하지만 진정한 자유인 해탈 경지에 이르거나 아라한이 된 존재에 대해서 말한다면, 상정이 달라진다. 매우 높은 깨달음의 단계(제8 지 이상)에 있는 보살들은 더 이상 늙지 않는다. 의식의 연속체라는 관점에서 보면 그런 존재들은 영속한다고 말할 수 있다. 더욱이 경전에서는 그런 존재들은 육체적 형태보다는 정신적 형태를 갖고 있는 것으로 기술하고 있다. 주목해야 할 것은 이런 정신적 형태는 금강승에서 죽음 이후의 상태와 관련해서 설명하는 마음의 신체(意生身)와는 전혀 다르다는 점이다.

우리 모두가 행복을 원하고 고통을 피하고 싶어 한다. 지극히 자연스런 열망에도 불구하고, 우리는 행복의 원인을 만드는 방법을 모르기 때문에 더 많은 고통의 조건을 만드는 경향이 있다는 내용을 앞 장에서 살펴보았다. 이런 상황의 밑바탕에는 근본적 혼란인 무지(無明)가 자리하고 있다는 것도 알았다. 이 무지는 사물의 존재 방식에 적용될 뿐만 아니라 인과 법칙에도 적용된다. 그래서 불교에서는 두 종류의 무지—인과 법칙 특히 업의 법칙에 대한 무지와 실체의 궁극적 본성에 대한 무지—에 대해서 말한다. 이 부분은 제1장에서 설명한 연기緣起를 두 단계로 이해하는 것과 연관이 있다. 첫 단계는 인과적 의존이라는 관점에서 이해하는 것인데 이것은 인과 법칙에 대한 무지를 없앤다. 두 번째 단계는 더 심오한 단계로 실체의 궁극적 본성이라는 관점에서 이해하는 것인데 이것은 근본적 무지를 없앤다.

하지만 이 말이 우리가 깨닫지 못한 존재로 남아 있는 이유가 오로지 무지 때문이라는 의미는 아니다. 무지 이외에도 다른 많은 파생적인 원인과 조건이 있는데 그것들을 '괴로운 감정과 생각(번뇌)'이라고 부른다. 번뇌는 매우 복잡한 유형의 감정과 생각인데 아비다르마 문헌에 아주 상세하게 설명되어 있다. 아비다르마에 따르면 여섯 가지 근본 번뇌가 있고, 이것은 다시 스물 가지 번뇌로 파생된다. 아비다르마에서는 생각과 감정 전체에 대해 종합적으로 설명한다.

금강승의 문헌에는 윤회하는 존재가 겪는 과정을 다르게 설명하고 있는데 깨닫지 못한 우리가 보여 주는 여든 종류의 생각과 개념을 상세하게 설명하고 있다.

금강승 계열에 속하는 칼라차크라 문헌에서는 중생이 윤회하는 원인을 잠재된 성향 또는 타고난 경향 때문이라고 밝히고 있다.

우리의 근본적 무지에서 비롯되는 괴로운 감정과 생각은 의지 작용을 일으킨다. 따라서 무지와 업행業行이 고통의 근원이다.

일반적으로 말하자면 번뇌는 단지 생기는 것만으로도 우리 마음을 괴롭히는 감정과 생각들이다. 번뇌는 우리 내면에서 우리를 괴롭힌다.

업

우리 내면에서 우리를 괴롭히는 것이 클레샤(번뇌)라면 업業은 무엇인가?[33] 우선 업의 법칙은 불교에서 인정하는 광범위한 자연적 인과 법칙 안에 포함되어 있다는 것을 기억해야 한다. 불교에서는 업을 우주에서 작동하는 자연적인 인과 법칙의 한 가지 특별한 예로 여기며, 모든 사물과 사건은 오로지 원인과 조건이 결합된 결과로서 생긴다고

---

33 업業(karma)은 행동을 의미하는 산스크리트 어 카르만karman에서 왔다. 카르마는 인도 철학에서 세 가지의 주된 의미를 가진다. 첫째, 초기 베다Veda나 미망사Mīmāṁsā 철학에서는 의례적인 행동에서 오는 카르마 즉 제물을 뜻한다. 둘째, 상키야 요가, 아드바이타Advaita, 바가바드 기타, 불교에서는 특별한 범주의 행동에서 오는 카르마 즉 오염되고 지배 받는 행동을 의미한다. 셋째, 행동이 아닌 행동의 이론이 되는 카르마를 가리킨다. 특히 인과적으로 결정 요인이 되는 행동의 이론을 가리킨다. 여기서 언급한 것은 이 세 번째 의미이다.

여긴다.

그렇기 때문에 업(카르마)은 일반적으로 인과 법칙의 한 예이다. 업을 독특하게 하는 것은 그것이 의지 작용을 수반하고, 행위자를 수반하기 때문이다. 자연적인 인과적 과정에 행위자가 없을 경우에는 업이라고 할 수 없다. 인과 과정이 업의 행동이 되려면 의도를 갖고 특정한 행동을 하는 행위자가 있어야 한다. 이런 특정한 종류의 인과 과정을 업이라고 한다.

업행의 유형

일반적으로 업에 의한 행동이 어떤 결과를 불러오는가에 따라 세 유형으로 구분한다. 첫째, 고통과 괴로움을 초래하는 행동은 일반적으로 부정적인 행동 또는 부도덕한 행동으로 간주된다. 둘째, 기쁨이나 행복처럼 긍정적이고 바람직한 결과로 이어지는 행동은 긍정적인 행동 또는 도덕적인 행동으로 간주된다. 셋째, 평정이나 중립적인 느낌과 경험으로 이어지는 행동들을 포함한다. 이런 경험들은 중립적인 행동으로 간주되며, 도덕적이지도 않고 부도덕적이지도 않다.

업행業行의 유형에는 두 가지가 있다. 첫째, 정신적 행위와 육체적 행동이다. 정신적 행위는 반드시 신체적 행동으로 나타날 필요는 없다. 육체적 행동은 몸으로 표현되는 동작과 말로 하는 행위를 포함하고 있다. 둘째, 행동을 표현하는 매개체의 관점에서는 정신적 행위, 언어적 행위, 육체적 행동으로 구분한다. 경전에서는 업행을 완전히 도덕적인 업행, 완전히 부도덕한 업행, 이 두 가지가 혼합된 업행으로 구분하고 있다. 법(다르마)을 수행하는 우리 행동에는 도덕적인 행위와 비도덕적 행위가 섞여 있을 것이다.

업의 행동 하나를 분석해 보면, 하나의 행동 안에는 몇 개의 단계가 있다는 것을 알 수 있다. 우선 시작에 해당하는 동기나 의도 단계가 있고, 실제 행동으로 옮기는 단계가 있고, 행동이 완성 또는 완료가 되는 단계가 있다. 경전에 보면 이들 각 단계를 어떻게 실행하느냐에 따라 업행의 강도는 달라진다고 한다.

부정적인 행동을 예로 들어 보자. 동기 단계에서 어떤 사람이 분노 같은 매우 강한 부정적 감정을 품고, 충동적으로 움직여 그 행동을 실행한다. 그러나 바로 자신이 저지른 행동에 대해 깊이 후회한다면 세 단계를 모두 완벽하게 완수한 것은 아니다. 결과적으로 그 행동은 모든 단계를 완벽하게 실행한 사람에 비해 악행의 힘이 덜 강력할 것이다. 모든 단계를 완벽하게 실행한 경우란 강한 동기를 갖고 실제로 실행을 하고, 자신이 저지른 행동에 즐거움이나 만족감을 느끼는 것이다. 마찬가지로 어떤 사람들은 동기는 그다지 없는데 주변에서 실제 행동을 하도록 강요하는 경우도 있다. 이런 경우에는 부정적인 행동을 저질렀지만 강한 동기가 없기 때문에 첫 번째 예보다도 업이 덜 강력할 것이다. 따라서 업을 만드는 것은 동기의 정도, 실제 행동의 정도, 실행 이후 느낌의 정도에 따라서 업의 강도도 달라질 것이다.

이런 차이에 근거해서 경전에서는 네 종류의 업에 대해 설명한다. 1)행동은 했지만 업이 쌓이지 않는 경우의 업 2)업이 쌓이기는 하지만 행동으로 실행되지는 않는 경우의 업 3)행동도 하고 업도 쌓이는 경우의 업 4)업이 쌓이지도 않고 실제로 행동으로 옮기지도 않은 경우의 업이 있다. 이 구분을 잘 이해해야 한다. 모든 행동은 여러 단계로 이루어져 있기 때문에 업에 의한 행동 역시도 여러 요소가 결합된 결과로 인정하는 것이 중요하다.

이것을 알고 나면 우리가 불교 수행자로서 긍정적인 행동을 할 기회가 있을 때마다 처음 단계에서는 긍정적인 동기를 강화하고, 강한 의지로 그 행동을 실천해야 한다. 이것이 중요하다. 행동을 실행하는 동안에는 최선을 다하고, 성공적으로 마무리하기 위해 모든 노력을 확실하게 다해야 한다. 행동을 실행한 다음에는 그 결과 생긴 긍정적인 업을 모든 중생의 행복을 위해 그리고 자신의 깨달음을 성취를 위해 회향하는 것이 중요하다. 우리가 실체의 궁극적 본성인 공성을 이해하면서 회향을 강화할 수 있다면 그 회향은 훨씬 더 강력할 것이다.

이상적으로 말하자면 불교 수행자인 우리는 부정적인 일에는 관여하는 것을 철저하게 피해야 한다. 부도덕한 행동을 저지르는 상황에 처했다 하더라도 최소한 동기를 강하지 않게, 강한 감정을 수반하지 않는 하는 것이 중요하다. 그 다음에 행동을 하는 동안이더라도 양심의 가책을 강하게 느끼고 후회하는 느낌을 갖는다면 당연히 그 부정적인 행동은 매우 약해질 것이다. 마지막으로 그 행동을 한 다음에 어떤 만족감을 느껴서는 안 된다. 우리가 저지른 부정적인 행동에서 즐거움을 느끼면 안 된다. 오히려 깊은 회한과 후회를 느껴야 하며, 가능하다면 행동을 한 직후에 그 부정함을 정화해야 한다. 우리가 삶 속에 만나는 긍정적인 행동이나 부정적인 행동에 대해서 이런 식으로 대처할 수 있다면 업의 법칙에 대한 가르침을 훨씬 더 효과적으로 따를 수 있을 것이다.

부정적인 행동의 종류는 다양하지만 경전에서는 그것들을 열 가지의 부정적 행동 또는 부도덕한 행동으로 요약한다. 몸으로 하는 세 가지 행위, 말로 하는 네 가지 행위, 마음으로 하는 세 가지 행위가 있다. 몸으로 하는 세 가지 부정적인 행위는 생명을 죽이는 것·도둑질·부도덕한 성행위이며, 말로 하는 네 가지 부정적인 행위는 거짓말·이간질·거친 말·무의미한 수다이다. 마음으로 하는 세 가지 부정적인 행위는 탐욕을 부리는 것·해로운 생각이나 악의를 품는 것·잘못된 견해에 매달리는 것이다. 이상적으로 말하면 불교 수행자는 살면서 가능하면 부정적인 행동을 모두 하지 말아야 한다. 그것이 불가능하면 부정적인 행동들을 최대로 피해야 한다. 절제된 삶을 살고 부정적인 행동과 행위를 하지 않는 것이 불교에서 생각하는 윤리적 생활 방식이다.

업과 사람

불교 수행자가 도덕적인 삶을 살기 위해 실제로 어떤 노력을 하는가? 사람들이 궁극적으로 염원하는 것은 윤회에서 벗어나는 것이며 정신적 해방 또는 깨달음을 성취하는 것이다. 그러므로 사람들에게 주어진 주요한 과제 가운데 하나는 번뇌를 극복하는 것이다. 하지만 초보 단계에서는 수행자가 부정적인 감정과 생각을 차단할 방법이 없다. 따라서 실용적으로 할 수 있는 방법은 몸과 마음과 말로 하는 부정적인 행동을 억제하는 법을 찾아내는 것이다. 첫 번째 단계에서는 우리가 부정적인 생각과 감정에 지배받지 않도록 몸, 마음, 말이 부정적인 짓을 하지 않도록 하는 것이다.

첫 번째 단계의 목표를 달성하면 두 번째 단계에서는 근본 원인—우리가 앞서 말한 근본 무지(無明)—과 싸울 수 있다. 이 단계에서는 번뇌의 힘에 직접 대항할 수 있다. 이 것이 가능하면 세 번째 단계에서는 단순히 번뇌의 힘을 극복하는 것뿐만 아니라 번뇌가 마음속에 남긴 잠재적 성향과 흔적까지 뿌리 뽑는다. 그래서 아리야데바는『중론사백송』에서 말하기를 참된 수행자는 첫 단계에서는 부정적 행위를 극복하고, 중간 단계에서는 모든 아집을 버리고, 마지막 단계에는 윤회 세계에 우리를 묶어 두는 견해들을 모두 극복해야 한다고 말한다.[34]

우리가 이미 살펴본 것처럼 불교에서는 환경과 그 환경 속에서 살고 있는 중생이 어떻게 근본 무지의 결과로 생겨나는지를 특히 그 무지에서 발생하는 업의 결과로 생겨나는지를 설명한다. 하지만 업業이 생명체와 환경을 무無에서 만들어 낸다고 생각하면 안 된다. 그렇지 않다. 업은 영원불변하는 원인 같은 것이 아니다. 업이 작용하려면, 업이 결과를 만들어 낼 잠재력을 가지려면 그런 작용을 할 기반이 있어야 한다. 그 다음에는 물질적 세계와 정신적 세계의 연속체가 존재해야 한다. 우리는 물질적 세계의 연속체를 특정한 우주의 시작까지 추적하여 찾아낼 수 있다. 그 시작이 허공 상태에서 시작된다는 것도 추적할 수도 있다. 불교에서는 공간 입자라는 것이 존재한다고 인정하고, 어떤 의미에서는 물질적 우주의 근원을 포함하는 허공의

34 『사백론석소四百論釋疏(Catuḥśatakaśastrakārika)』 제8 장 15번 게송을 보라.

단계가 있다고 주장한다. 정신세계의 경우에 생명체 안에 있는 의식의 연속체가 업의 결과라고 말할 수 없다. 또 물질과 마음이 끝없이 계속되는 과정을 업業에서 온 결과라고 말할 수도 없다.

물질과 마음의 근본적인 연속체가 업에 의해 만들어진 것이 아니라면 업은 어디에서 끼어드는 걸까? 업은 생명체와 생명체가 사는 자연 환경을 만드는 데 있어 어느 지점에서 인과적인 역할을 할까? 세상에는 자연의 과정이 있고, 자연의 진화가 생명체의 경험에 영향을 줄 수 있는—괴로운 고통의 경험하게 되거나 즐거운 행복한 경험을 하는—단계에 도달하는 지점이 바로 업이 등장하는 지점이다. 결국 업의 진행 과정은 생명체의 경험과 관련되어야만 의미가 있다.

따라서 의식이나 생명체가 업에 산물인가 하고 묻는다면 대답은 "아니다."이다. 그러나 반면에 인간의 신체와 의식이 업의 산물인가 하고 묻는다면 대답은 "그렇다."이다. 둘 다 도덕적인 행동들의 결과이기 때문이다. 우리가 인간의 육체와 의식에 대해서 말할 때는 개인의 고통스럽거나 즐거운 경험들과 직접 관련된 존재의 상태를 가리키기 때문에 그렇다. 마지막으로 행복을 추구하고 고통을 극복하려는 우리의 자연스러운 본능이 업의 산물인가를 묻는다면 대답은 다시 "아니다."이다.

업과 자연 세계

일반적으로 물질적 우주의 진화를 보면 자연의 인과 과정이 업의 산물이라고 할 수 없다. 자연의 인과 과정은 업과 상관없이 일어난다. 그럼에도 불구하고 업은 인과 과정이 어떤 형태를 취할지, 어떤 방향으로 나아갈지 결정하는 데 중요한 역할을 한다.

불교적 관점에서는 두 가지로 분석한다. 하나는 자연의 인과 법칙 과정만 작용하는 자연의 영역이며 다른 하나는 잠재적 성향들이 인과적 상호작용에 의존하는 영역이다. 이런 구분 때문에 우주 또는 실체의 본성을 이해하려고 할 때 서로 다른 추론법을 사용해야 한다는 것을 알게 된다.

예를 들어, 불교에서는 분석을 할 때 네 가지 원리를 사용한다. 첫 번째는 자연의 원리이다. 사물이 존재한다는 사실과 원인이 결과로 이어진다는 사실이다. 이 원리는 자연 법칙을 받아들이는 것이다. 두 번째는 효능의 원리인데 이

것은 사물들이 본성에 따라서 어떤 결과를 만들어 낼 수 있는지를 다루는 방식이다. 셋째는 의존의 원리이다. 앞에 두 원리에는 사물과 사건의 원인과 결과가 서로 자연스럽게 의존하고 있다는 것을 알 수 있다. 이 세 원리에 근거해서 보면 불교의 비판적 분석은 다양한 논리를 적용해서 자연의 세계를 더 넓고 더 깊게 이해하고 있다. 그래서 우리가 받아들이는 네 번째 원리는 타당한 입증의 원리—이것을 고려하면 저것이 사실이어야 하고, 저것을 고려하면 이것이 사실이어야 한다.—이다.

수행하는 불자는 자연 세계의 이런 원리들을 알아서 법(다르마)의 원리에 부합하는 삶을 사는 것이 중요하다. 부정적인 행동을 피하고 도덕적 행동을 강화하는 방식으로 법에 맞게 사는 것은 타당한 입증의 원리를 적용하는 것이다.

앞서 말한 것처럼 이제 우리가 생각해야 하는 질문은 다음과 같다. 인과 과정의 어느 지점에서 업이 등장하는가? 업은 자연의 인과 법칙과 어떤 식으로 상호 작용하는가?

이 질문에 대답하려면 자신의 경험에 비추어 생각해 보면 된다. 예를 들어, 아침에 한 어떤 행동의 결과가 저녁때까지 지속적으로 영향을 미칠 경우가 있다. 그 행동은 우리 마음을 특정한 상태로 만들었을 것이다. 그러면 우리의 감정이나 일상은 특정한 마음 상태의 영향을 받는다. 그 행동은 아침에 일어난 일이고, 이미 끝난 일이지만 여전히 우리 마음에 남아 있다. 동일한 원리가 업과 업의 영향에도 작용하고, 오랜 시간이 흐른 후 나타나는 업의 영향에도 작용하는 것 같다. 업은 어떤 행동을 저지르고 나서 오랜 시간이 지난 후에도 영향을 미칠 수 있다. 업의 영향은 현생에서뿐만 아니라 여러 생애에 걸쳐 나타날 수도 있다고 불교에서는 말한다.

이 지점에서 일반적으로 불교 경전과 논전[35]에서 설명하고 있는 업의 진행 과정을 금강승 문헌들에 실려 있는 관점으로 보완하지 않으면 업을 완벽하게 이해할 수 없다. 금강승에서는 물질세계와 생물의 신체는 흙·물·불·바람·

---

35   바수반두Vasubandhu(世親)의 『아비다르마코샤Abhidharmakośa(지식의 보고)』의 제3 장과 제4 장을 보라. 레오 푸르덴Leo M. Pruden의 『Abhidharmakośabasyam』(Berkeley Califonia, Asian Huamanities Press, 1991)은 불어 번역본을 영어로 번역한 책이다. 바수반두는 인도 불교학자이며 아상가의 동생이다. 그는 설일체유부說一切有部(Sarvāstivāda)·경량부經量部(Sautrāntika)·유식唯識(Yogācāra)학파의 교의에 대한 철학적 저술을 많이 남겼다.

공간이라는 다섯 요소로 구성되어 있다고 설명한다. 여기서 공간이란 방해물이 없다는 전문적인 의미에서의 공간이 아니라 진공의 텅 빈 공간, 허공으로 이해해야 한다. 금강승의 문헌들은 다섯 요소를 외적인 요소와 내적인 요소로 구분하는데 외적 요소와 내적 요소가 어떻게 서로 관련되는지를 매우 심오한 차원에서 보여 준다. 이 관계를 이해하면 업이 영향을 미치는 방식에 대해서 훨씬 더 깊이 통찰할 수 있다.

앞서 논의한 것처럼 의식이 존재한다는 사실은 자연스러운 사실이다. 의식은 존재한다. 요점은 바로 그것이다. 마찬가지로 의식의 연속체도 역시 자연스러운 원리이다. 의식은 연속성을 유지한다. 이에 덧붙일 것은 불교에서는 의식은 무無에서 생기거나 원인이 없이 생길 수가 없으며 동시에 의식은 물질로 만들어지는 것이 아니라고 생각한다. 이 말은 물질이 의식에 영향을 줄 수 없다는 것은 아니다. 하지만 의식의 본성은 순수한 광명이며 순수한 경험이다. 의식의 본성은 원초적으로 아는 기능이다. 따라서 의식은 본성이 다른 물질에서 만들어질 수 없다. 의식은 원인이 없이 생길 수가 없고, 물질적 원인에서 생길 수가 없기 때문

에 의식은 끊임없는 연속체에서 비롯되어야 한다는 결론
이 나온다. 이런 전제를 바탕으로 불교에서는 (시작을 알 수
없는)전생의 존재를 인정한다.[36]

고통의 근원이 업과 무지 때문이지만 실제로는 무지가
주원인이라는 것을 지금까지 살펴보았다.

업과 감정

불교의 학파들은 무아론無我論을 각각 달리 해석한다. 이
에 따라 번뇌의 본질도 달리 해석한다. 예를 들어, 자립 논
증 중관파와 유식학파 관점에서는 어떤 마음 상태, 어떤
생각, 어떤 감정은 착각이 아닌 것으로 간주되지만 귀류
논증 중관파 관점에서는 착각으로 간주되기도 한다. 이것
은 매우 복잡한 문제이고, 많은 연구가 필요하다.

우리에게 가장 중요한 것은 번뇌의 감정이 우리의 궁극
적인 적이고, 고통의 원천이라는 사실을 아는 것이다. 마

---

36 이 주제에 관한 토론은 『Dialogues with Scientists and Sages: The Search for
Unity』 edited by Renee Weber (Routledge & Kegan Pau, London, 1986) 가운데 달라
이 라마와 데이비드 봄의 대화 가운데 실려 있다.

음에 번뇌의 감정이 일어나자마자 바로 마음의 평화는 깨지고, 나중에는 건강을 해치고, 우정도 깨진다. 생명을 죽이고, 다른 생명체를 괴롭히고, 다른 사람을 속이는 부정적인 행위는 모두 번뇌에서 비롯된다. 그러므로 번뇌는 우리의 적이다.

외부에 존재하는 적이 오늘은 우리에게 해를 끼칠 수도 있으나 내일은 큰 도움을 줄지도 모른다. 반면에 내면의 적은 그렇지 않다. 시종일관 파괴적이다. 더욱이 우리가 어디에 있든지 내면의 적은 언제나 쫓아오기 때문에 매우 위험하다. 외부의 적과는 대체로 거리를 둘 수 있다. 예를 들어, 티베트 사람들은 1959년에 티베트에서 탈출을 했다. 탈출은 물리적으로 가능하다. 하지만 내 마음에 있는 내면의 적은 내가 티베트에 있든, 포탈라 궁에 있든, 다람살라에 있든, 여기 런던에 있든, 내가 어디를 가든 쫓아온다. 내면의 적은 내가 명상을 할 때에도 거기에 있다. 내가 만달라[37]를

---

37 만달라Mandala는 밀교에서 관상觀想을 할 때 묘사하는 것으로 중앙에 명상신神(이담yidam)의 왕궁이 있는 우주이다.

마음으로 상상하면서 명상(觀想)을 할 때, 만달라 중앙에서 이 적이 발견될 지도 모른다! 우리 행복을 실제로 파괴하는 주체는 항상 우리 안에 있다. 이것이 우리가 깨달아야 하는 요점이다.

내면의 적을 물리치기 위해 어떻게 대처해야 할까? 면밀하게 살펴서 내면의 적을 없애는 것이 불가능하다면 수행 따위는 잊어버리고, 삶을 즐기기 위해 술이나 섹스 같은 향락에 의지하는 것이 더 나을지도 모른다고 생각할 수도 있다! 하지만 내면의 적을 없애는 것이 가능하다면 우리는 인간의 육신과 두뇌, 인간의 선한 마음을 잘 결합하여 내면의 적을 약화시키고 최종적으로 근절시켜야 한다. 이런 까닭에 불교에서는 인간의 삶을 매우 소중하게 여긴다. 인간의 삶만이 지성과 논리의 힘으로 마음을 수련하고 변화시킬 수 있기 때문이다.

불교에서는 감정을 두 종류로 구분한다. 한 종류는 이성적이지 않은 편견에 근거를 둔다. 미움이 그 가운데 하나이다. 물론 이런 종류의 감정은 아주 얄팍한 이유에 뿌리를 두고 있다. 이를 테면 이 사람이 나를 몹시 힘들게 했다 같은 얄팍한 이유에 의지한다. 그러나 신중하게 논리적으로 분석해 보면 그 사람이 나를 힘들게 했다는 사실 말고는 아무것도 없다. 이성적이지 않은 감정을 우리는 부정적인 감정이라고 부른다. 또 다른 종류의 감정은 이성을 갖춘 감정인데 자비심과 이타심이 여기에 포함된다. 자비심과 이타심을 깊을 분석해 보면 그 감정이 좋고, 필요하고, 유용하다는 것이 증명되기 때문이다. 본래 자비심과 이타심은 감정의 일종이지만 실제로는 이성이나 지성과 조화를 이룬다. 실제로 지성과 감정을 결합시켜야 우리 내면세계를 변화시킬 수 있다.

내면의 적이 우리 마음에 있는 한, 그 적에게 지배받는 한, 영원한 평화는 있을 수 없다. 내면의 적을 물리쳐야 하는 이유를 아는 것이 진정한 깨달음이며, 이 적을 물리치기를 열렬히 원하는 것이 바로 해탈에 대한 열망이다. 이것을 불교 전문 용어로 출리심出離心이라고 하는데 윤회에서 벗어난다는 의미이다. 그래서 우리의 감정과 내면세계를 분석하는 수행이 매우 중요하다.

첫 번째 단계의 고통인 고통스러운 고통(苦苦)에서 벗어나려는 욕망은 짐승들도 본능적으로 지니고 있다고 경전에서는 말한다. 두 번째 단계의 고통인 변화하는 고통(變

苦)에서 벗어나고 싶은 열망은 불교 수행에만 있는 것은 아니다. 고대 인도에서는 비非불교 수행자들도 삼매三昧를 통해서 내면의 평온을 추구했다. 하지만 윤회에서 완전히 벗어나고자 하는 진정한 열망은 세 번째 단계의 고통인 조건에 의해 구성된 것의 고통(行苦)을 인식한 다음에야 생길 수 있다. 우리가 무지의 지배를 받고 있는 한 우리는 고통을 겪을 수밖에 없고, 영원한 기쁨과 행복이 들어설 여지가 없음을 깨달은 다음에야 해탈에 대한 열망이 생긴다. 이 세 번째 단계의 고통을 인식하는 것은 불교 수행만이 갖고 있는 특징이라 할 수 있다.

문답

질문: 업의 결과가 어떤 때는 바로 나타나고, 어떤 때는 몇 생이 걸려 나타나는 이유가 무엇인가?

달라이 라마: 업의 결과가 나타나는 시기를 정하는 한 가지 요소는 업행 자체의 강도일 것이다. 또 다른 요소는 그 업이 무르익는데 필요한 다양한 조건들이 어우러지는 정도이며, 이것은 차례로 다른 업행에 의존한다. 바수반두는

『구사론(俱舍論)』에서 이 문제를 다루고 있는데 일반적으로 가장 강력한 업에 의한 행동이 먼저 결과를 만들어 내는 경향이 있다고 한다. 어떤 업에 의한 행동의 강도가 다른 업에 의한 행동의 강도와 같다면 그 개인에게 가장 익숙한 행동의 결과가 먼저 숙성되는 경향이 있다. 하지만 두 가지 업의 행동이 똑같이 강력하고 똑같이 익숙하다면, 먼저 저지른 행동의 결과가 빨리 드러나기 쉽다.

질문: 업의 결과를 가져오는 면에서 생각과 행동 사이에 차이가 있는가? 다시 말해 생각이 행동을 일으키고, 반대로 행동이 생각을 일으킬 수 있는가?

달라이 라마: 앞서 설명한 것처럼 불교에서 말하는 업의 개념은 신체적 행동에만 국한되지 않는다. 마음의 움직임 또는 감정적 움직임도 행동도 포함한다. 예를 들어, 탐욕스럽거나 해로운 의도에 대해서 말할 때 그것이 반드시 행동으로 표현된 것만을 가리키지는 않는다. 어떤 사람은 탐욕스럽거나 악의에 찬 생각으로 가득하지만 행동으로는 옮기지 않을 수 있다. 이런 행위의 결과는 정신적 차원에서만 일어난다.

뿐만 아니라 어떤 종류의 행동은 반드시 직접적인 동기나 의도는 없었지만 과거에 지은 업의 영향을 받아서 일정한 방식으로 행동할 수도 있다. 이 말은 어떤 행동들은 동기의 결과가 아니라 업이 지닌 성향의 결과로 일어날 수 있음을 의미한다.

제5 장 고통의 소멸에 대한 진리

세 번째 고귀한 진리는 소멸의 진리(멸제滅諦)이다. 이 주제와 관련해 열반이 무엇인지, 해탈이 무엇인지, 소멸은 무엇을 의미하는지, 소멸하는 것이 실제로 가능한지를 우리는 질문을 해야 한다.

해탈이 가능하다고 부처님이 말씀하셨으니 우리도 그것을 받아들여야 한다고 말하는 것은 만족스러운 대답이 아니다. 아리야데바가 『중론사백송』에서 주장한 것을 보면 도움이 될 것이다. 아리야데바는 실체의 궁극적 본성 또는 독립된 실체가 없다는 공성에 대해서 말할 때 반드시 경전에 적힌 대로 공성을 이해해야 하는 것은 아니라고 주장한다. 우리는 비판적 분석과 추론을 통해 공성에 접근할 수 있다.

어떤 현상은 눈에 보이고, 직접 지각할 수 있으므로 그 존재를 논리적으로 증명할 필요가 없다. 어떤 현상은 명백하지는 않지만 추론을 통해 그 존재를 입증할 수 있다. 이를 전문적인 표현으로는 '조금 모호한 현상'이라고 한다. 독립된 실체가 없다는 공성은 이 두 번째 유형에 속한다.[38]

우리는 독립된 실체가 없다는 공성의 진리를 추론할 수 있기 때문에 해탈도 추론 과정을 통해서 추리할 수 있다는 것을 받아들여야 한다. 나가르주나가 말했듯이 해탈에 대한 참된 이해는 공성에 대한 이해를 바탕으로 해야 한다. 해탈은 공성을 통찰함으로써 착각과 고통을 완전히 없애는 것 또는 고통을 완전히 소멸시키는 것에 지나지 않기 때문이다. 그러므로 해탈의 개념은 공성의 개념과 매우 밀접하기 때문에 공성을 추리할 수 있는 것처럼 해탈도 추리할 수 있다.

공성과 해탈이 이렇게 긴밀한 관계이기 때문에 마이트레야는『현관장엄론現觀莊嚴論』에서 사성제의 세 번째 진리

---

38 세 번째 범주의 현상은 매우 모호한 현상인데 그것은 보통의 직접적인 지각이나 논리적 추론을 벗어나 있다. 일반적으로 다른 사람의 증언이나 경전의 권위를 바탕으로 인정된다.

를 설명하면서 열여섯 종류의 공성에 대해 광범위하게 다루고 있다. 해탈이 궁극적 진리이며 그러므로 공성과 관련된다는 사실을 찬드라키르티도 그의 저서에서 명백하게 논의하고 있다. 따라서 우리가 공성의 개념을 얼마나 잘 이해하는지에 따라 해탈의 가능성에 대해서도 인정할 것 같다.

공성

무아 또는 공성에 대한 네 가지 해석

불교에서 독립된 실체가 없다는 공성空性에 대해 말할 때 어떤 것이 존재하지 않는다고 부정하는 형식으로 설명한다. 마찬가지로 무아론無我論 역시 부정하는 형식이다. 왜 이렇게 단정적인 부정을 주장할까? 잠깐 우리의 경험을 생각해 보자.

가까이에 위협적인 존재가 있을지도 모른다는 생각 때문에 두려워하고 있다고 상상해 보자. '내가 착각했을 지도 몰라, 내가 상상한 것일지도 몰라!' 하는 생각을 한다면 두려움이 줄기는 하겠지만 완전히 해소되지는 않는다. 하지만 두려움은 완전히 환상이고, 아무것도 없는데 그저 상상을 했을 뿐이라는 생각이 확고하면 두려움은 금방 사라질 것이다. 사실 문제는 이것이다. 그렇다면 여기서 실제로 부정되고 있는 것은 무엇일까? 무엇의 부재일까?

불교 경전에 의하면 공성은 부정할 대상이 없는 것이며 이 경우에는 우리를 두렵게 하는 대상이 없다는 것이다. 하지만 이 논리를 모든 부분에 적용해서 전체를 설명할 수는 없다. 그래서 실제로 부정할 대상이 무엇인지 이해하기 위해 많이 노력을 해야 한다. 실제로 이 문제의 해답은 우리가 무아론無我論에서 아我를 어떻게 이해하는가에 있다. 무아론을 철학적으로 어떻게 해석하느냐에 따라 부정할 대상이 달라진다.

불교 문헌에서는 부정할 대상인 나(我)의 정체를 여러 가지로 표현한다. 예를 들어, 어떤 학파는 '나'를 상당히 실제적으로 인식해서 우리들 각자 안에 존재하는 영혼을 '나'로 여긴다.[39] 이 맥락에서 무아는 상당히 실제적이고

---

39 특히 바이바시카Vaibhāṣika(毘婆沙師), 설일체유부說一切有部(Sarvāstivāda), 경량부(Sautrāntika)등의 성문승이 이 견해를 옹호한다.

자립적인 행위자 또는 영원한 영혼을 부정하는 것이다.

유식학파의 해석에 의하면 근본 무지(無明)란 실제적으로 존재하는 영원한 영혼이 있다고 믿는 것이 아니라 물리적 세계의 실재를 믿는 것이라 해석한다. 유식학파의 경우에는 마음과 물질을 이원론二元論적으로 잘못 믿는 것이 근본적 무지라고 이해하기 때문에 무아론에 있어 부정할 대상은 바로 이 근본적인 무지이다.

자립 논증 중관학파는 다음과 같이 해석한다. 사물은 원인과 조건의 결과로 생겨난다. 존재하는 사물들의 상태는 어떤 의미에서든 우리의 지각에 의존하지만 그럼에도 불구하고 사물과 사건에는 어떤 본질적인 실체가 있다. 이 학파는 대상이 지각과는 관계없이 존재한다는 주장을 부정한다. 이것이 그들이 이해하는 공성이다.

귀류 논증 중관학파는 자립 논증 중관학파의 이런 해석은 부처님이 말씀하신 무아론의 궁극적인 의미 잘못 이해한 것이라고 주장한다. 귀류 논증 학파는 사물이나 현상에 고유한 실체 즉 독립된 실체가 없다는 생각을 없애지 않는 한 사물이나 현상이 마치 실제로 존재하는 것처럼 착각을 할 것이라고 말한다. 그러므로 귀류 논증 중관파는 사물과 현상의 고유한 실체를 부정하며, 이것이 진정한 공성의 의미라고 주장한다.

이러한 차이에도 불구하고 네 학파가 공통적으로 강조하는 것은 우리가 아집我執을 없애기 위해 노력하는 것은 옳지만 '나'를 부정한다고 해서 관습적인 일상의 실체까지 부정하면 안 된다는 점이다. 또 인과 법칙과 업의 작용을 부정해서는 안 된다는 것도 네 학파가 공통적으로 강조한다. 이 점에 있어서는 귀류 논증 중관파의 접근 방법이 가장 성공적인 것 같다. 그들은 분석을 통해 '나'를 철저하게 부정하는 동시에 연기緣起와 업業을 부정하지 않고 오히려 강조한다.

중도

나가르주나의 『중론』[40]에는 매우 중요한 구절이[41] 있다.

40　『중론中論(mūlamadhyamikakārikā)』은 나가르주나의 중요한 저술이다. 영어 번역본은 F.Streng 『Emptiness: A Study in Religious Meaning』(Nashville and New York, Abingdon Press,1967)이다.

41　제29 장 열여덟 번째 게송.

"의존적으로 발생(緣起)하는 것을 나는 공空이라고 부른다. 그것 또한 의존해서 명명된 것(假名)이다." 이 개념은 무엇이든 의존해서 발생한 것은 궁극적 의미에서 '공'이며 우리가 의존해서 명명한 것은 공한 현상에 지나지 않는다는 것이다. 사물과 사건이 의존해서 명명되었다는 것은 그것들이 무존재無存在가 아니며 단순한 무無가 아니라는 것을 의미한다. 따라서 의존적 발생에 대한 이해를 공성에 대한 이해와 결합하면 중도中道를 걸을 수 있다. 절대주의와 허무주의라는 극단을 피하기 때문에 중도라고 부른다.

"의존해서 명명된"이라는 중관학파의 표현은 깊은 의미를 갖는다. 첫 번째 단어인 "의존해서"는 사물과 사건이 다른 요소에 의존해서 생겨난다는 것을 의미한다. 사물이나 사건이 독립되고 자립된 존재 또는 절대적인 존재를 갖고 있지 않다는 것을 의미한다. 따라서 이 첫 번째 의미는 절대주의를 부정한다. 두 번째 단어인 "명명된"은 사물과 사건이 단지 무無가 아니라는 것, 그것들이 무존재가 아니라는 것—그것들이 실제로 존재한다는 것—을 의미한다. 그러므로 이 부분은 현상 세계의 실체를 부정하지 않는 것을 확실히 한다. 붓다팔리타(佛護)[42]는『중론에 대한 주석서』에서 이렇게 말한다. "만일 사물과 사건이 독립된 실존적 상태를 갖고 있고 다른 요소들에 의존하지 않고 생길 수 있다면 왜 그들의 명칭이 의존적이고 서로 관련이 있는가?"

이 점과 관련하여 물리학자들이 물질세계의 양자론量子論에 부합하는 실체의 개념을 상정하는 데 있어서 문제점이 지적되기 시작했다고 들었다.—개념으로서도 실체는 문제가 된다. 이것은 우리가 사물의 본질을 찾아내려고 할 때 본질을 발견하기 어렵다는 것을 의미한다. 하지만 만약 우리가 다른 극단으로 건너뛰어 모든 것이 순전한 환상이고 우리 마음이 투사한 환영에 불과하다고 말한다면 우리 역시 유식학파가 빠졌던 유심론惟心論이라는 오류를 범할 것이다. 따라서 만일 사물들이 고유한 실체를 갖고 있지 않고 동시에 모든 것이 단지 마음의 투사에 불과하다는 결론에 우리가 만족하지 않는다면 대안은 무엇일까? 무엇이

---

42 4세기경에 생존했던 인도 불교학자로 귀류 논증 중관학파歸謬論證中觀學派 (Prāsaṅgika-madhyamaka)의 창시자이다.

중도中道일까? 사물과 사건은 많은 요소들이 집합한 결과로 생기는 것뿐이며 그것이 관습적으로 존재하는 까닭은 사물과 사건을 구성하는 요소인 온蘊에 우리가 정체성을 부여하기 때문이라는 것이 중관학파의 대답이다.

일반적으로 공성을 설명하기 위해 저술된 문헌에는 많은 추론 형식들이 제시되어 있다. 그 가운데 연기에 대한 이해를 기반으로 한 추론이 가장 효과적인 것 같다. 연기의 의미를 가장 심오하게 이해하려면 붓다팔리타와 찬드라키르티의 논서들을 보는 것이 좋다. 나는 총카파의 가르침에 의거해 연기를 이해했고, 지금 여기서 내가 하고 있는 설명 역시 총카파의 가르침에 근거를 하고 있다. 총카파의 설명은 찬드라키르티와 붓다팔리타가 나가르주나의 논서를 해설한 것에 근거를 두고 있다. 총카파는 중요한 문제에 관해 논증을 할 때 위대한 두 학자의 주석서 인용한다.

내가 나가르주나의 『중론』을 공부할 때 십이 연기十二緣起를 다루는 제23 장과 무아無我를 다루는 제18 장을 결합한다. 제18 장은 영속적 원리 또는 실제적으로 존재하는 영혼이 있다는 생각에 집착하는 과정이 어떤지를 보여 준다. 그 집착이 우리를 깨닫지 못한 중생으로 묶어 둔다. 제23

장은 '나'(아트만)를 부정하는 것과 '나'에 대한 집착을 없애는 것이 어떻게 해탈로 이어지는지를 보여 준다. 핵심은 공성에 대한 통찰을 얻는 것이 매우 중요하다는 것이다.

　나는 제18 장과 제23 장을 공부한 다음에 그 내용을 제24 장과 연결한다. 제24 장에서 나가르주나는 불교의 실재론 학파들이 제기할 수 있는 많은 반론을 예상한다. 그 반론의 핵심은 다음과 같이 요약할 수 있다. "고유한 실체가 없다면, 사물과 사건에 고유한 실체와 독자성이 없다면, 아무것도 없다. 네 가지 고귀한 진리인 사성제도 있을 수 없다는 결론이 된다. 사성제가 없다면, 삼보도 없다. 삼보가 없다면 깨달음으로 이끄는 수행(道)도 없다." 반대로 만일 사물에 본래 고유한 실체가 있다면 실재론자들이 공격하던 나가르주나의 주장을 오히려 그들이 주장하는 결과가 될 것이라고 실재론자들의 비판에 응수한다. 다시 말해 만일 사물에 본래 고유한 실체가 있다면 사성제도 적용되지 않을 것이고 원인이 결과를 만들지도 못할 것이다. 따라서 나가르주나가 말하는 공성의 의미가 단지 무無 또는 무존재가 아니라는 것을 입증하는 것이 제24 장의 요점이다. 공성은 실체의 상호의존적인 본성이라는 면에서 이해해야 하며, 사물이 독립된 실체를 갖고 있지 않는 것은 의존적으로 발생(緣起)하기 때문이다.

티베트의 암도 출신의 불교학자 로되 갸초는 훌륭한 게송 안에 이 점을 담아냈다.[43] 여기 말하는 공성은 기능이 없다는 의미가 아니라고 했다. 그러면 공성은 무엇을 의미하는가? 공성은 실체의 공성 또는 절대적인 존재가 없다는 것이다. 원인과 조건에 의존하는 발생은 고유한 실체나 고유한 독자성을 수반하지 않지만 환영과 같은 현상적인 실체는 수반한다. 따라서 공성과 연기의 의미를 이해하면 공성과 현상을 모순 없이 동시에 양립할 수 있다.

뿐만 아니라 모든 불교 학파들은 공성을 거론하기 때문에 절대주의자가 아니고, 현상적 실체를 거론하기 때문에 허무주의자가 아니라고 주장을 한다고 로되 갸초는 덧붙인다. 하지만 그것을 반대로 생각할 수 있어야 모든 집착을

---

43 달라이 라마가 언급한 책은 『The Interwoven Praise sPal mar bstod pa』인데 이 책은 총카파의 유명한 『Praise to the Buddha for his teachings on Dependent Origination(연기를 가르친 부처님에 대한 칭송)』에 대한 주석서이다. 게송 형식으로 서술되어 있다. 로되 가쵸Lodro Gyatso는 19세기 후반에 티베트 암도 지방에서 활동한 겔룩파 수행자인데 초네 라마 린포체Chone Lama Rinpoche로 더 널리 알려져 있다.

버릴 수 있다고 로뙤 갸초는 지적한다. 물론 그것은 귀류 논증 중관파의 견해이다. 귀류 논증 중관파의 관점에서 보면 현상을 이해하면 절대주의에서 벗어나고 공성의 진정한 의미를 이해하면 허무주의에 빠지지 않는다고 한다.

두 중관학파

중관학파 내부에서도 공성을 달리 해석하고 있다고 앞서 말했다. 자립 논증파의 견해와 귀류 논증파의 해석이 어떻게 다른지 간략하게 설명했다. 두 학파 간 차이는 바바비베카(淸辨)[44]의 논서에서 비롯되었다. 바바비베카는 나가르주나의 사상을 이어받은 제자이다. 실재론자들을 비판하는 동시에 나가르주나에 대한 붓다팔리타의 해설을 비판했다. 바바비베카의 견해는 이 두 입장을 비판하는 데서 비롯되었다. 요컨대 바바비베카의 자립 논증 중관학파는 절대적인 존재를 부정하지만 사물과 사건에 어떤 형식

---

44 바비야Bharya로도 부른다. 자립 논증 중관학파自立論證中觀學派(Svātantrika-madhyamaka)가 발전하는 데 중심적 역할을 한 인도 불교학자이다.

이든 고유한 실체가 있다고 인정한다. 하지만 찬드라키르티 같은 귀류 논증파들은 고유한 실체를 완전히 부정한다고 바바비베카는 주장한다. 찬드라키르티, 붓다팔리타, 바바비베카는 모두 나가르주나의 훌륭한 제자였지만 그들이 나가르주나의 공성 철학을 이해하는 데는 각각 상당한 차이가 있다. 이 차이 때문에 티베트 불교학자들은 중관학파를 자립 논증파와 귀류 논증파로 구분한다.

이 두 학파는 방법론에서도 차이가 있다. 귀류 논증 중관학파는 결과주의 유형의 추론에 더 중점을 둔다. 이것은 귀류법(결론이 불합리함을 이끌어 내는 논증법)과 유사한다. 자신이 어떤 것을 주장하기 위해 많은 전제를 사용하기 보다는 상대방 견해의 모순을 증명하는 것에 관심을 갖는다. 반대로 자립 논증 중관학파는 자신의 견해를 확립하기 위해 삼단논법 유형의 추론을 사용하는 경향이 있다.

뿐만 아니라 우리 감각이 물질 대상을 지각하는 방법에 대해서도 바바비베카와 찬드라키르티 사이에 근본적인 차이가 있다. 바바비베카의 경우에는 시각視覺이 일어날 때 우리가 객관적 실체의 모습을 본다고 말하는 것이 타당하다고 주장한다. 왜냐하면 사물들이 어느 정도의 객관성을 소유하고 있어서 그것이 우리 지각에 투영된다는 것을 그는 인정하기 때문이다. 이 견해를 찬드라키르티의 귀류논증 중관학파는 완전히 부정한다. 그러므로 두 중관학파의 근본적인 차이점은 고유한 실체에 대한 견해 차이이다.

공성을 일상에 적용하기

공성이라는 이 미묘한 문제를 제대로 이해하는 것이 매우 중요한 까닭은 우리 삶 속에서 겪는 경험들을 해석하는데 영향을 미치기 때문이다. 우리 내면에서 집착이나 분노 같은 강한 감정이 일어날 때 잘 살펴보면, 우리가 붙잡고 있는 그 감정 밑에 불쾌한 특성을 투사하는 객관적이고도 실재하는 그 어떤 것이 외부에 존재하고 있다는 가정이 깔려 있다. 우리가 사물이나 사건에 투사한 성질에 따라서 매력을 느끼거나 혐오감을 느낀다. 따라서 강한 감정적인 반응은 어떤 객관적 실체가 존재한다고 가정하기 때문이다.

하지만 사물과 사건에게 고유한 실체, 독립된 실체가 없다는 것을 우리가 깨닫는다면 아무리 실제적이고 강한 감정처럼 보이는 것들도 타당한 근거를 갖고 있지 않다는 것을 자연스럽게 이해할 것이다. 실제로 그런 감정들이 실체에 대한 근본적 착각에서 비롯되었다는 것을 알고 나면, 감정들 자체가 지지 받을 수 없게 된다. 반면에 우리가 독립된 실체가 없다는 공성에 대해 철저하게 이해하지 못해 사건이나 사물에 고유한 실체가 있다고 착각한다면 감정에 대한 우리 마음가짐은 다소 이중적일 것이다. 그 감정이 타당하거나 정당하다고 느낄 지도 모른다.

공성을 지성적으로나마 약간 이해했을 때 우리는 사물과 사건에 대해 평소와는 달리, 비교할 수 있을 정도로 새로운 견해를 갖게 된다. 우리가 사물이나 사건에 얼마나 많은 특성을 투사하는지 알게 될 것이다. 특히 우리가 느끼는 강한 감정들의 대부분은 실체가 없는데 실체가 있다고 추정하는 데서 일어난다는 사실을 깨달을 것이다. 이런 식으로 우리가 사물을 지각하는 방식과 사물이 실제로 존재하는 방식의 차이를 체감할 수 있다. 우리가 여기서 얻을 수 있는 교훈은 우리 마음을 괴롭히는 강한 감정들은 근본적인 무지 상태에서 일어나며, 그 무지로 인해 우리는 사물에 실제로 고유한 실체가 있고, 독립적으로 존재한다고 착각한다는 것을 알아차리는 것이다. 결론적으로 혼란스러운 감정과 생각이 우리의 경험이나 실제나 추론 등에 타당한 근거를 두고 있는 것이 아님을 아는 것이다.

반대로 사물의 공성을 통찰하는 것은 추론뿐만 아니라 경험에도 기반을 두고 있으며, 타당한 지지를 받고 있다. 덧붙여서 공성을 이해하는 것과 사물이 실제 존재한다고 고집하는 것은 서로 정반대이기 때문에 둘 가운데 하나를 버려야 한다. 이 두 가지는 반대되기 때문에 하나는 타당한 근거를 갖고 있는 반면에 다른 하나는 그렇지 못하다. 이것을 알면 우리가 이끌어 낼 수 있는 최종의 결론은 명확하다. 우리가 공성을 더 깊이 이해하면 할수록 통찰의 힘은 더 강해지고, 우리가 감정의 속임수를 깊이 살펴보면 볼수록 감정은 더 약해진다. 강한 번뇌의 감정과 생각 그리고 그것의 기반인 무지(無明)가 약화되는 반면에 공성에 대한 통찰은 강화된다는 것을 우리는 진정으로 깨닫게 된다.

해탈

우리는 착각과 무지의 힘이 약화될 수 있음을 인식하게 되었다. 그러나 착각과 무지를 완전히 없애고 우리 마음에서 근절하는 것이 가능한지에 대한 의문은 여전히 남아 있다. 이 부분에서 마이트레야의 『보성론實性論』에 나오는 몇 가지 내용이 매우 중요하다. 『보성론』에 따르면 지혜를 얻을 수 있는 잠재력은 우리 의식의 본질이고 우리 마음에 내재하고 있는 타고난 특성인 반면에 마음을 괴롭히는 모든 요소는 마음의 본질이 아니다. 번뇌는 마음의 본질적인 본성과 별개이기 때문에 그것들을 우발적인 것(객진번뇌客塵煩惱)이라고 부른다.

따라서 우리가 부처의 완전한 지혜를 성취하는 것에 대해서 말할 때, 우리 안에 없는 특성을 만들거나 바깥에서 얻어야 한다고 생각하면 안 된다. 그보다는 '완전한 부처의 지혜'는 '실현되고 있는 잠재력'이라고 보아야 한다. 번뇌는 의식 속에 내재되어 있는 그 잠재력이 자연스럽게 드러나는 것을 방해한다. 그것은 마치 무한한 지혜를 얻을 능력이 우리 마음속에 이미 있으나 번뇌가 지혜가 완전히 무르익고, 드러나는 것을 방해하는 것과 같다. 마음의 본질적인 본성이 순수한 명료함, 순수한 경험, 순수한 앎의 능력이라는 것을 알고 마음을 이해하면, 번뇌를 완전하게 근절할 수 있다.

이 장에서 우리는 실제로 해탈을 성취하는 것이 가능한

지에 대한 질문에 개념적으로 접근을 했다.

마지막으로 해탈이 가능하다는 것을 받아들인다면 정확히 어떻게 이해해야 할까? 경전에서는 해탈의 네 가지 특색을 다음과 같이 기술하고 있다. 첫 번째 특색은 해탈을 번뇌의 연속체가 완전히 소멸하는 것이다. 두 번째 특색은 해탈은 진정한 평화이며, 마음의 모든 번뇌가 모두 사라진 완전히 평정한 상태이다. 세 번째 특색은 궁극적인 만족에 도달했기 때문에 완전히 만족스러운 상태이다. 네 번째 특색은 깨닫지 못한 존재의 과정에서 확실히 벗어났다는 의미에서 확실한 탈출이다.

제6 장 고통을 소멸하는 수행에 대한 진리

해탈이 성취 가능한 목표라는 것을 우리가 받아들인다면 어떻게 해야 해탈을 성취할 수 있을까? 이 질문은 진정한 수행道를 다루는 네 번째 고귀한 진리(道諦)로 우리를 이끈다.

중관학파의 설명에 따르면, 공성을 직접적이고 직관적으로 깨닫는 것으로 도제를 이해해야 한다. 공성을 직관적으로 깨닫는 것은 소멸을 성취하는 것으로 직접 이어지기 때문에 그렇다. 하지만 그런 깨달음을 얻으려면 마음을 한곳에 집중하는 명상(止)을 해야 한다. 이 명상은 공성에 대한 경험적인 지혜로 이어지기 때문이다. 수행자가 경험적인 지혜를 성취하는 시점[45]을 수행을 준비하는 단계인 가행도加行道[46]의 시작이라 한다. 수행자가 공성을 직접 직관적으로 깨닫는 시점을 견도見道[47]라고 부른다.

추론을 통해 발전된 공성을 지성적으로 이해한 것을 바탕으로 독립된 실체가 없다는 공성에 대한 경험적인 지혜가 생긴다. 실제로 지성적인 이해를 기반으로 하지 않으면 명상만으로 공성을 경험하는 것은 불가능하다. 지성적인 이해를 발전시키는 첫 단계는 공덕을 축적하는 단계인 자량도資糧道[48]의 일부이다. 이 자량도의 문턱은 수행자가 해탈을 성취하려는 진정한 염원을 발전시키는 시점이며 우리는 그 시점을 불교 수행(佛道)의 시작으로 여긴다.

성문승의 수행

우리가 수행의 길(道)[49]에 들어서기 전에 많은 준비가 필

45　보살도菩薩道의 여러 단계에 대한 설명은 『십지경十地經(daśabhūmika sūtra)』을 보라.

46　加行道(Path of preparation) 대승의 오도五道 가운데 두 번째 단계. 이 단계에서 수행자는 두 종류의 무아無我를 볼 준비를 한다.

47　見道(Path of Seeing) 대승의 오도 가운데 세 번째 단계. 이 단계에서 수행자는 개인의 무아(人無我)와 현상의 무아(法無我)를 실제로 보기 때문에 견도라고 부른다.

48　資糧道(Path of accumulation) 오도 가운데 첫 번째 단계. 이 단계에서 수행자는 깨달음을 향해 나아갈 수 있도록 공덕을 쌓는다.

49　인도의 전통에서는 불교 수행(道)을 일반적으로 팔정도八正道로 설명한다.

요하다. 처음에 시작해야 할 중요한 수행은 계戒·정定·혜惠 삼학三學이다. 계(sila)는 계율, 정(samadhi)은 선정禪定 또는 명상, 혜(prajña)는 지혜 또는 통찰을 말한다. 경전에서는 일반적으로 명상하는 사람이 경험하는 변화를 단계별로 설명한다. 그러므로 개인이 걸어가는 실제 수행의 길이란 공성에 대한 이해와 공성에 대한 깨달음이 점진적으로 깊어가는 과정을 가리키는 것이다. 전문적으로 그것을 지혜 측면의 수행(道)이라고 한다. 더욱이 공성을 깨닫는 지혜는 마음을 한곳에 집중하는 명상인 선정[50]과 꿰뚫어 보는 통찰[51]이 결합된 상황에서 발전되어야 한다. 그것을 사마타와 비파사나의 결합이라고 한다.

팔정도는 1)올바른 견해(正見) 2)올바른 의도(正思惟) 3)올바른 말(正語) 4)올바른 행동(正業) 5)올바른 생계(正命) 6)올바른 노력(正精進) 7)올바른 명상(正念) 8)올바른 마음-집중(正定) 등이다. 티베트 불교 전통에서는 불교 수행을 다섯 단계(五道) 차원에서 설명한다. 오도는 1)자량도資糧道(공덕을 축적하는 단계) 2)가행도加行道(준비하는 단계) 3)견도見道(공성을 직접 보는 단계) 4)수도修道(명상을 하는 단계) 5)무학도無學道(모든 번뇌를 없애 더 이상 수행할 것이 없는 단계)이다. 팔정도는 이 가운데 수도修道에 포함된다.

50 사마타śamatha(止) 혼란한 생각의 방해를 받지 않기 위해서 마음을 고요하게 하는 명상 수행.

51 비파사나vipaśyana(觀) 명확한 통찰 명상.

사마타와 비파사나의 결합을 경험하려면 처음에 사마타를 발전시켜야 한다. 사마타만이 집중의 힘을 키울 수 있기 때문이다. 따라서 사마타 수행이 핵심이다. 사마타 수행을 제대로 하려면 올바른 알아차림(正念)과 깨어 있음(正知)이라는 두 가지 요소를 갖추고 있어야 한다. 마음을 한곳에 집중하는 사마타 수행은 도덕적으로 건전한 생활이 바탕이 되어야 한다. 마음가짐과 생활 방식이 도덕적일 때 정념과 정지의 힘이 향상된다. 그래서 도덕성이 수행을 하는 데 중요하다고 강조한다. 지금까지 삼학 수행이 서로 어떻게 연결되어 있는지 알아보았다. 이 수행은 성문승뿐만 아니라 대승에도 적용된다.

대승의 수행

이제 불교의 또 다른 중요한 측면인 자비에 대해 살펴보겠다. 부처님의 모든 가르침은 자비를 바탕으로 한다. 자비는 다르마의 기반이다. 선한 마음을 강화하고 이타심을 발전시키는 수행은 자비심에 대해 깊이 이해하고 우리 마음속에 존재하는 자비로운 잠재력을 활성화하는 것을 목표로 한다. 우리가 모든 중생을 돕기 위해 깨달음을 얻겠다는 이

타적인 열망을 키우는 이유는 이 심오한 자비심 때문이다.

전통적으로 이것을 보리심을 일으키는 것(발보리심發菩提心)이라고 부른다. 무엇이 보리심인가? 마이트레야는 『현관장엄론』에서 보리심을 두 가지 동기를 갖고 있는 것이라고 설명한다. 첫째는 모든 중생을 향한 진정한 자비심이며, 둘째는 다른 중생의 행복을 실현하기 위해 자신이 완전한 깨달음이 이르겠다는 인식이다. 실제로 보리심이라는 이타심을 발전시키려면 자비심을 갖는 것만으로는 부족하다. 보리심은 우리가 남을 돕겠다는 과제를 기꺼이 떠맡을 수 있는 책임감을 수반하는 자비심을 토대로 해야 한다.

이 책임감은 모든 중생을 향해 자발적으로 진정한 자비심을 일으켰을 때만이 생길 것이다. 이것이 보편적 자비심이다. 보편적 자비심을 위대한 자비심(마하카루나)이라고 하는 것은 한정된 대상에게만 자비심을 일으키는 보통의 자비심과 구별하기 위해서이다. 하지만 자신과 타인이 겪는 고통의 본질을 통찰하지 못하면 이 위대한 자비심은 일어나지 않을 것이다. 우리는 자신이 고통스럽다는 것을 인식하면 타인의 고통에 대해서도 진실로 공감하고 연대감도 느낄 것이다. 고통의 본성을 깊이 통찰하려면 첫 번째 고귀한 진리 즉 고통에 대한 진리를 숙고하는 것이 도움이 된다.

이타적인 수행자는 자신만 해탈하는 것으로는 부족하다는 것을 깨달아야 한다. 이는 중요하다. 자신만을 위한 해탈은 개인주의적일 뿐만 아니라 완성을 향해 가는 수행의 관점에서 보아도 완전한 깨달음은 아니다.

그러므로 타인과 자연스럽게 공감하고 친밀감을 기르는 것이 매우 중요하다. 그러기 위해 모든 중생을 어머니나 사랑하는 사람으로 여기라고 경전에서는 설명하고 있다. 어머니나 사랑하는 사람에게 자연스럽게 자비심을 일으키고 이런 자비심을 모든 중생에게 확대시킨다. 이렇게 자연스럽고 자발적인 공감을 발전시킨다. 하지만 어떤 사람은 적으로 여기고 어떤 사람은 친구로 여기며, 상대방에 따라 감정이 변한다면 공감이 생길 수 없다. 우선 적과 친구를 구분하는 마음을 없애야 한다. 그렇게 하려면 평정 수행이 필수적이다.

다른 방법은 샨티데바(寂天)[52]의 『입보리행론』에 나와 있는데, 타인을 자신과 동일하다고 생각하는 것을 통해 깊이 공감하는 것이다. 예를 들어, 자신이 행복을 바라고 고통을 피하고 싶어 하는 것과 마찬가지로 타인들도 행복을 바라고 고통을 피하고 싶은 생각을 갖고 있으며, 자신이 열망을 성취할 권리를 갖고 있는 것처럼 타인들도 그런 권리를 갖고 있다고 여기는 것이다. 자신과 타인이 동등하다는 생각으로 자신의 이기적인 견해를 뒤집고, 자신과 타인의 입장을 바꿔 보고, 타인을 자신보다 더 소중하게 대한다.

티베트 불교에서는 이 두 가지 방법을 하나로 묶어서 그것에 대해 명상을 한다. 숙고와 명상의 결과로 만들어진 인위적인 이타심이라도 경험한 다음에는 이타심을 확고하게 일으키는 종교 의식에 참여하는 것으로 인위적인 이타심을 안정시키고 강화하는 것이 관습이다. 그 다음에는 보살행을 실천하려는 열망이 뒤따라야 한다. 전통적으로 수행자는 이 단계에서 정식으로 보살계菩薩戒를 받는다. 보살의 이상理想 또는 보살행은 세 가지 계율로 요약된다. 첫째는 부정적인 행동을 금지하는 계율이다. 둘째는 자발적으로 도덕적인 행동에 동참하는 계율이다. 셋째는 남들을 돕

---

52 7세기경 생존했던 수행자이자 학자.

는 계율이다.

깨달음에 이르는 원인을 쌓는 수행이 깨달음이라는 결과로 이끌어 간다는 관점에서 보면 보살 수행은 공덕과 지혜라는 두 가지 자량을 쌓는 것이라고 볼 수 있다. 공덕과 지혜, 두 자량은 방편과 지혜의 결합이며 불교 수행에서는 결코 분리되어서는 안 된다.

금강승의 수행

금강승 또는 밀교의 심오함과 기교는 방법(방편)과 지혜를 결합시킨 수행에서 비롯된다. 금강승의 가르침에서 방편과 지혜를 결합시킨 독특한 특징 가운데 하나는 수행자는 자신과 세계에 대해서 지각하는 것의 본질이 공성임을 알고, 모든 것을 공성 속으로 용해시키는 것이다. 그 다음에는 공성에 대한 인식을 완전한 명상 신의 모습으로 관상(물론 처음에는 상상으로)한다. 그 다음에는 명상 신의 비실체적인 본성 또는 명상 신의 공성에 대해 숙고한다. 한 순간의 인식 안에 방편과 지혜가 동시에 완벽하게 존재한다. 명상 신을 관상觀想하는 동시에 명상신의 공성에 대해 이해한다.

티베트 불교 종파인 겔룩파·사캬파·카규파에 따르면

금강승 안에는 네 종류의 탄트라 크리야(作)·차리야(行)·요가(瑜伽)·아누타라 요가(無上瑜伽)가 있다. 크리야 탄트라와 차리야 탄트라는 금강승 계율을 받지 않아도 된다. 요가 탄트라와 아누타라 요가 탄트라 수행을 하려면 금강승 계율을 받아야 한다. 아누타라 요가 탄트라는 여러 가지 생리적 요소들로 명상 수행을 한다. 몸속으로 흐르는 에너지에 집중을 한다. 여러 종류의 명상이 있지만 핵심은 보리심에 대한 열망과 공성에 대한 통찰이다. 이 두 가지 요소가 없으면 불교 수행으로 간주될 수 없다.

탄트라 수행을 할 때 반드시 중관학파가 해석하는 공성의 개념을 따라야 하는 것은 아니며 유식학파에서 주장하는 공성 해석에 기반을 둘 수도 있다고 서술하는 요가 탄트라 원전들도 있다. 이 원전들은 상당히 권위가 있는 논서들이다. 그러나 탄트라 수행이 종합적이고 또 탄트라 수행으로 완전한 깨달음에 이르려고 한다면 중관학파 관점에서 공성을 통찰하는 것이 매우 중요하다고 나는 생각한다.

불교 수행에 대한 조언

여러분에게 세 가지 조언을 하고자 한다.

첫째, 앞에서 내가 설명한 것처럼 기본적인 불법 수행으로 기초를 단단히 다지지 못했다면 심오한 금강승 수행을 해도 별 효과가 없을 것이다. 요점은 수행하는 불자는 사성제에 대해 제대로 이해하고, 사성제에 대해서 명상하는 것이 실제로 필수적이라는 것이다. 그러므로 명상이 수행의 근본이 되어야 하며 사마타(止)와 비파사나(觀)의 명상이 포함되어야 한다.

둘째, 여러분의 결심인데 이는 중요한 요소이다. 수행이 며칠 안에 또는 몇 년 안에 성취될 것이라고 기대하면 안 된다. 몇 겁劫이 걸릴 지도 모르기 때문에 결심이 매우 중요하다. 스스로 불자라고 생각하고 진실로 불법을 수행하고 싶다면 백만 겁이 걸릴지라도 끝까지 수행을 하겠다는 결심을 처음부터 해야 한다.

우리 삶의 의미가 무엇인가? 삶 자체에는 본질적인 의미가 없다. 하지만 삶을 긍정적으로 이용한다면 하루도, 한 달도, 영겁도 모두 유의미하다. 반대로 삶을 헛되이 낭비한다면 하루도 너무 길게 느껴질 것이다. 여러분의 결심이 확고하고, 목적이 확실하다면, 시간은 그다지 중요하지 않다는 것을 알게 될 것이다.

샨티데바의 아름다운 기도문이다.

이 세상이 존재하는 한
중생이 존재하는 한
나 또한 여기 머물러
모든 고통을 소멸토록 하리라![53]

샨티데바의 아름다운 기도문은 정말로 그 의미가 분명
하다. 이 기도문은 나에게 큰 감동을 준다.
셋째, 여러분이 성급하게 가장 빠르고, 가장 싸고, 가장
쉬운 방법을 원할수록 보잘 것 없는 결과를 얻기 쉽다. 수
행을 하는 데 있어 가장 빠르고, 싸고, 쉬운 방법을 찾는
것은 잘못된 접근법이라고 생각한다.

53　샨티데바의 『입보리행론入菩提行論(Bodhicaryāvatāra)』 제10 장 55번 게송.

마무리

이 강연의 핵심은 사성제(네 가지 고귀한 진리)를 정확하게 이해하면 진정한 귀의처인 법(다르마)에 대해 깊이 감탄할 것이고, 다르마를 실현할 수 있겠다는 확신도 생긴다는 것이다. 그런 확신을 기반으로 우리의 근본 스승인 부처님에게 진실로 귀의할 수 있으며, 수행 도반인 승가의 구성원들도 깊이 존경할 수 있을 것이다.

이렇게 심오한 사성제에 대한 통찰을 기반으로 삼보를 이해한다면 부처님과 법과 승가를 떠올릴 때마다 새로운 모습으로 생생하게 다가올 것이다. 이것이 삼보에 귀의하는 참 의미이다.

지금까지 내가 설명한 내용을 간략하게 요약하면 삼보에 귀의한다는 것의 의미이다.

실제 내 수행은 아주 보잘 것 없기는 하지만 늘 진언을 암송하고, 만다라 관상 수행을 한다. 내 수행의 주안점은 사성제와 보리심이다. 이 두 가지 수행은 실제로 도움이 된다고 나는 생각한다. 나는 명상 신(이담yidam)들을 관상하는 것이 나 자신을 속이는 방식이 될 수도 있다는 생각을 가끔씩 한다.

우리는 인내심과 결단력을 갖고 단계별로 수행을 해야 한다. 단계별로 수행하면 일 년 후나 십 년 후에는 여러분이 어느 정도 개선이 되었다는 것을 알 수 있을 것이다. 여러분이 개선되었다는 것을 알아차릴 때 계속 수행을 해야겠다는 용기가 새롭게 생겨날 것이다. 그러나 자신을 변화시키는 것이 결코 쉽지 않다는 사실도 깨달아야 한다.

이제 여러분은 사성제에 관한 가르침을 들었다. 스스로를 불자라고 생각하면 사성제를 실천에 옮기기 바란다. 사성제에 대한 가르침을 지성적으로 이해하는 것에 그쳐서는 안 된다. 수행과 가르침은 일상생활의 일부가 되어야 한다. 물론 이 말은 기독교인·유태인·무슬림 같은 타 종교 수행자와 신자들에게도 똑같이 적용된다.

여러분의 종교가 무엇이든 간에 종교를 받아들인다면

종교가 삶의 일부가 되어야 한다. 일요일에 교회에 가서 두 손을 모으고 기도를 한다고 해도 일상생활에서 행동이 변하지 않는다면 그것으로는 부족하다. 몸이 교회나 성당이나 사원에 가는 것과 상관없이 여러분 마음에 종교의 가르침이 살아 있어야 한다고 나는 생각한다.

이것은 매우 중요하다. 그래야만 종교가 지닌 진정한 가치를 경험할 것이다. 그렇지 않으면 종교의 가르침은 머릿속에 있는 한 조각의 지식에 불과할 것이며, 인생을 살아가면서 어려운 문제에 부딪혔을 때 아무런 도움이 되지 않는다.

종교의 가르침이 삶의 일부가 되면 실제로 문제에 부딪힐 때마다 강인한 힘이 되어 줄 것이다. 또 여러분이 늙거나 불치병에 걸렸을 때, 죽음을 맞이할 때, 수행은 실제로 정신적으로 보장을 한다. 결국 죽음은 삶의 일부이고, 죽음은 전혀 이상할 것이 없으며, 조만간 우리 모두가 그 문을 통과해야 한다. 그때 내세를 믿건 믿지 않건 마음의 평화를 유지하는 것이 매우 중요하다.

죽음을 맞이하는 순간에 어떻게 마음의 평화를 유지할 수 있을까? 내면의 강인함을 경험해 본 사람이라면 마음의 평화를 유지할 수 있다. 그 누구도—신도, 스승도, 친구도— 자신을 대신해 마음의 평화를 줄 수 없다. 그래서 부처님께서 말씀하셨다.

그대 스스로 그대의 지도자가 되라.

2부 자비심

행복의 원천*

모든 인간은 선천적으로 '나'라는 느낌을 갖고 있는 것 같다. 왜 '나'라는 느낌을 갖고 있는지 설명할 수는 없지만 아무튼 그 느낌을 갖고 있다. '나'라는 느낌과 더불어 행복을 원하고 욕망과 고통을 피하고 싶어 하는 열망도 갖고 있다. 매우 당연한 것이다. 우리는 최대한 행복을 많이 누릴 당연한 권리도 갖고 있고, 고통을 피할 권리도 갖고 있다.

인류의 역사는 이 느낌을 기반으로 발전되어 왔다. 사실 이 느낌을 인간만이 지니고 있는 것은 아니다. 불교적 관점에

---

* 이 글은 1996년 7월 19일 영국 맨체스터에 있는 자유무역 강당에서 열린 대중 강연 내용을 정리한 것이다.

서 보면 아주 작은 곤충들마저도 이 느낌을 갖고 있고, 행복을 원하고 불행을 피하기 위해 최선을 다해 노력하고 있다.

다만 인간과 동물들 사이에 몇 가지 차이점이 있기는 하다. 그 차이는 인간의 지성에서 비롯된다. 인간의 지성 덕분에 인류는 훨씬 더 진보했고, 위대한 능력을 갖게 되었다. 인간은 먼 미래를 내다보게 되었고, 인간의 기억은 오래된 과거를 되돌아보게 한다. 더욱이 인간은 몇 세기 전에 일어난 사건들을 구전으로 전하거나 문자로 기록해 전하는 전통도 갖고 있다. 지금은 과학 기술 덕분에 수백만 년 전에 발생했던 사건들을 조사할 수도 있다.

이렇게 인간의 지성은 인간을 매우 영리하게 만들기도 하지만 동시에 인간의 지성은 더 많은 불신과 의혹을 만들어 내고 이로 인해 더 많은 두려움을 양산하기도 한다. 인간은 다른 동물들에 비해 두려움을 상상하는 것이 훨씬 더 발달되어 있는 것 같다. 더욱이 인간에게는 다양한 갈등이 있다. 공동체 내부의 갈등과 국가 간의 갈등은 말할 것도 없고, 인류 내부의 갈등, 가족 내의 갈등뿐만 아니라 개인 내면의 갈등에도 시달린다. 모든 갈등과 모순은 인간 지성이 만든 이견과 관점 차이에서 발생한다. 유감스럽게도 지성은 때로는 사람들을 매우 불행하게 만든다. 이런 의미에서 지성은 인간을 고통스럽게 만드는 또 다른 원천이다. 그러나 동시에 지성은 궁극적으로 인류의 모든 갈등과 차이를 극복할 수 있는 도구로 사용될 수도 있다.

이런 관점에서 보면 인간은 지구에 존재하는 다양한 생명체 중에 가장 큰 말썽꾸러기이다. 정말 그렇다. 만일 지구상에 더 이상 인간이 존재하지 않다면 지구는 지금보다 훨씬 더 안전해질 것이라고 나는 상상한다! 수백 종의 물고기 떼와 짐승들 그리고 가축들이 비로소 해방을 맞을지도 모른다!

그러므로 인간의 지성을 건설적인 방향으로 활용하는 것은 중요하다. 이것이 핵심이다. 인류가 지성을 올바로 활용한다면 인간은 물론 지구를 더 이상 훼손하지 않을뿐더러 인류 개개인들도 행복해질 것이다. 그것은 우리 인간들 손에 달려 있다. 우리가 지성을 올바른 방향으로 활용할지 그릇된 방향으로 활용할지는 전적으로 우리 인간들에게 달려 있다. 어떤 방향으로 활용할 것인지에 대해 그 누구도 우리에게 강요할 수 없다. 우리의 능력을 건설적으로 이용하는 방법을 어떻게 배울 수 있을까? 먼저 인간의 본성에 대해 알아야 한다. 그 다음에는 결심만 한다면 실제로 마음을 변화시킬 수 있다는 가능성에 대해 인식하는 것이다.

이런 맥락에서 오늘 나는 어떻게 하면 인간이 행복할 수 있을지에 대해서 말할 것이다. 나는 모든 문제를 푸는 열쇠가 개인에게 있다고 믿는다. 어떤 공동체건 변화가 일어나려면 반드시 개인에게서 비롯되어야 한다. 개인이 선하고, 고요하고, 평화로우면 이 변화는 자동으로 가족과 주변 사람들에게 긍정적인 영향을 미친다. 부모가 다정하고, 평화롭고, 고요한 사람이면 일반적으로 자녀의 마음가짐 또한 그럴 것이며, 행동도 그렇게 할 것이다.

우리 마음은 외부의 영향을 받는다. 그래서 우리 마음을 힘들게 하는, 말썽을 일으키는 존재를 없애야 한다. 행복한 마음을 만드는 데는 주변 환경이 매우 중요한 요소이다. 하지만 더 중요한 것은 우리의 마음가짐이다.

우리 마음가짐이 올바르다면 주변 상황이 그다지 우호적이지 않거나 심지어 적대적이어도 마음의 평화가 흔들리지 않을 것이다. 반면에 우리 마음가짐이 올바르지 않다면 주위에 좋은 친구들과 최고의 편의 시설이 있다고 해도 행복할 수 없다. 그래서 마음가짐이 외부 조건들보다 더 중요하다. 그럼에도 불구하고 많은 사람들은 외부 조건에 더 많은 관심을 쏟고 내면의 마음가짐을 무시하는 것 같다. 우리는 내면에 더 많은 주의를 기울여야한다.

마음의 평화를 유지하기 위해 많은 요소들이 있겠지만 내 경험에 비추어 보면 중요한 요소들 가운데 하나는 자비와 애정 즉 배려이다.

우리가 말하는 자비가 무엇을 의미하는지 살펴보자. 흔히 우리가 말하는 자비나 사랑의 개념은 우리가 친구나 사랑하는 사람에게 느끼는 친밀감을 의미한다. 때로는 자비는 동정심도 수반한다. 이것은 잘못된 것이다. 다른 사람을 업신여기는 마음을 수반한 사랑이나 자비는 진정한 자비가 아니다. 진정한 자비는 타인을 존경하며, 남들도 나와 마찬가지로 행복할 권리와 고통을 피할 권리를 갖고 있다는 인식에 기반을 두어야 한다. 이런 인식이 바탕이 될 때 남들이 고통 받는 것을 볼 수 있으며, 타인을 배려하는 마음을 발달시킬 수 있다.

우리가 대개 친구들에게 느끼는 친밀함은 자비라기보다는 오히려 집착에 가깝다. 진정한 자비는 공평해야 한다. 우리가 친구에게만 친밀감을 느끼고 적이나 우리가 개인적으로 알지 못하는 많은 사람들이나 관심이 없는 사람들에게 친밀감을 느끼지 못한다면 우리의 자비는 편파적이고 편향적이다.

앞서 말한 것처럼 진정한 자비는 남들도 나와 똑같이 행복할 권리를 갖고 있기 때문에 나의 적도 나와 똑같이 행복을 바라고, 행복할 권리가 있는 인간이라는 인식에 기반을 두고 있다. 이런 인식을 기반으로 발달된 배려가 우리가 말하는 자비이다. 상대방이 나를 대하는 마음가짐이 적대적이든 우호적이든 상관없이 그 자비는 모든 사람들에게 적용할 수 있어야 한다.

이러한 자비심이 지니고 있는 한 측면은 남을 배려하겠다는 의무감이다. 그 의무감에 동기를 부여할 때 우리의 자신감은 자동으로 증가한다. 자신감이 증가하면 두려움은 감소하고, 이는 우리가 결심을 하는 근거로 작용한다. 우리가 어려운 과제를 달성하겠다고 처음부터 결심했다면 몇 번 실패를 해도 중요하지 않다. 목적이 매우 확실하기 때문에 계속해서 노력을 할 것이다. 이런 낙관적이고 단호한 마음가짐이 성공을 위한 핵심 요소이다.

자비는 내면을 강인하게 만든다. 자비가 발달하면 자연

스럽게 마음의 문이 열리고, 마음이 열리면 우리는 인간은 물론 다른 생명체와도 쉽게 진심으로 소통할 수 있다. 반면에 우리가 남들에게 미움과 적의를 느낀다면 상대도 비슷한 감정을 느낄 것이다. 그 결과로 의심과 두려움이 생길 것이며 서로 거리를 두게 될 것이다. 당연히 원활하게 소통하기가 어려워질 것이다. 그러면 우리는 외로움과 고립감을 느낄 것이다. 공동체의 모든 구성원들이 유사한 부정적인 감정을 갖지는 않겠지만 일부는 자신의 감정 때문에 세상을 부정적으로 바라볼지도 모른다.

우리가 남들에게 부정적인 감정을 품고 있는 데도 남들은 우리에게 우호적이기를 기대하는 것은 모순이다. 주변 분위기를 우호적으로 만들고 싶으면 우리가 먼저 그런 분위기를 만들어야 한다. 남들의 반응이 긍정적이든 부정적이든 우정의 기반을 우리가 먼저 만들어야 한다. 그렇게 한 다음에도 남들이 여전히 우리에게 부정적으로 대한다면 그에 맞춰 행동할 권리가 있다.

나는 항상 사람들을 만날 때 우호적으로 대하기 위해 노력한다. 예를 들어, 나는 처음 만나는 사람에게도 굳이 나를 소개할 필요성을 느끼지 못한다. 그 사람은 분명히 나와 같은 인간이다. 과학 기술이 발달해 미래의 언젠가는 내가 로봇을 사람으로 혼동할 수도 있겠지만 지금까지는 그런 일이 일어나지 않았다. 나는 환한 미소와 두 눈을 보고 그 사람이 인간임을 인식한다! 우리는 감정적인 차원에서 동일하고, 피부색이 다른 것을 빼면 신체적인 차원에서도 동일하다. 머리카락이 노랗든 파랗든 하얗든 그것은 실제로 중요하지 않다. 중요한 것은 우리가 감정적인 차원에서 동일하다는 것이다. 이런 확신을 가지고 나는 다른 사람을 인류의 형제라고 느끼고 자연스럽게 그에게 다가간다. 대부분의 경우, 상대방 역시 자연스럽게 받아들이고 바로 친구가 된다. 가끔 실패할 때도 있는데 그때는 그 상황에 맞춰 반응한다.

그러므로 기본적으로 우리는 개개인의 사람이 자신과 같은 인간이라는 것을 인식하고 남들에게 솔직하게 다가가야 한다. 우리 모두는 서로 큰 차이가 없다.

자비는 자연스럽게 긍정적인 분위기를 만들기 때문에 우리는 평화로움과 만족을 느낀다. 자비로운 사람이 사는 곳은 어디든 항상 분위기가 밝다. 짐승이나 새도 그 사람에게 쉽게 다가간다. 약 오십 년쯤에(강연 당시 기준_편집자 주) 나는 티베트 수도인 라싸에 위치한 여름 왕궁인 노블링카에서 새를 몇 마리 키웠다. 새 가운데에는 작은 앵무새가 있었다. 당시에 나를 도와주던 나이든 시종이 있었는데 눈이 부리부리하고 인상이 좀 무서워 보이는 편이었다. 무뚝뚝해 보이지만 항상 앵무새에게 땅콩 같은 먹이를 주었다. 그래서 앵무새는 시종의 발걸음 소리나 기침 소리만 들어도 흥분을 하는 편이었다. 그 사람은 그 작은 새를 지극하게 보살폈고 그 앵무새도 놀라울 정도로 그 사람을 잘 따랐다. 나도 몇 번인가 그 앵무새한테 땅콩을 주었지만 내 말을 잘 듣지 않았다. 앵무새가 내 말을 잘 듣기를 바라면서 막대기로 새를 콕콕 찌르기 시작했다. 결과는 당연히 부정적이었다. 새가 가진 힘보다 훨씬 더 센 힘을 내가 휘둘렀기 때문에 새도 부정적으로 반응을 한 것이다.

그러므로 우리가 진실한 친구를 원한다면 긍정적인 분위기를 먼저 만들어야 한다. 결국 우리는 사회적인 동물들이고 친구는 매우 중요한 존재이다. 어떻게 해야 사람들을 미소 짓게 할 수 있을까? 우리가 무표정하고 의심하는 표정을 짓는다면 상대방이 미소를 짓기란 매우 어렵다. 만일 우리가 권력이나 돈을 좀 많이 갖고 있으면 사람들이 우리에게 억지웃음을 보일 수도 있지만 진실한 미소는 자비심에서만 나온다.

문제는 "자비를 어떻게 기를 것인가?"이다. 우리가 공평한 자비를 기르는 것이 진정 가능한지를 묻는다면 나의 대답은 "그렇다"이다. 세상 사람들은 예나 지금이나 인간의 본성은 기본적으로 공격적이라고 하지만 나는 인간의 본성이 온화하고 자비롭다고 믿는다. 이 점에 대해서 살펴보자.

태아가 어머니의 자궁에 있는 동안, 어머니의 마음 상태가 자비롭고 평화로우면 태아의 성장에 매우 긍정적인 영향을 미칠 것이다. 어머니의 마음 상태가 불안하면 태아에게도 해로울 것이다. 우리 인생은 이렇게 시작된다! 태아가 잉태될 당시 부모의 마음 상태도 중요하다. 예를 들어, 강간을 당해 아이가 잉태되었다면 어머니는 그 아이를 원치 않을 것이다. 그 상황이 끔찍할 것이다. 올바른 잉태는 진실한 사랑과 상호 존경심에서 비롯되어야 한다. 단지 욕정의 결과여서는 안 된다. 우발적인 애정 행위로 아이를 잉태하는 것은 바람직하지 않다. 배우자에 대해 서로 깊이 알고, 서로 존중해야 한다. 이것이 행복한 결혼의 기반이다. 부부는 백년해로해야 하고, 적어도 결혼생활을 오랫동안 지속하기 위해 노력을 해야 한다. 누구든 인생을 자비롭고 평화로운 상태에서 올바르게 시작되어야 한다.

의학계에 따르면 아기의 두뇌는 출생 이후에도 일정 기간 동안 지속적으로 성장한다고 한다. 이 시기에 신체적 접촉은 두뇌 발달에 중요한 영향을 미친다고 전문가들은 주장한다. 이것은 인간의 신체 성장에도 타인의 애정이 필요하다는 것을 보여 주는 한 예이다.

아이가 태어난 직후 어머니가 아이에게 제일 먼저 하는 행동은 모유를 주는 것이고, 아기가 처음으로 하는 행동은 모유를 빠는 것이다. 모유는 종종 자비의 상징으로 간주된다. 전통적으로 아기는 모유가 없으면 생존할 수가 없다. 젖을 빠는 과정을 통해서 어머니와 아기 사이에 친밀감이 생긴다. 이 친밀감이 없으면 아기는 어머니 품을 찾지 않을 것이고, 어머니가 아이를 싫어하면 젖이 잘 나오지 않을 것이다. 모유는 그렇게 애정으로 생긴다. 우리 인생의 첫 번째 행동 즉 모유를 먹는 것은 애정의 상징이다. 나는 성당에서 성모 마리아가 아기 예수를 안고 있는 모습을 볼 때도 항상 이 생각을 한다. 모유를 먹이는 것은 사랑과 애정의 상징이다.

사랑과 애정이 가득한 화목한 가정에서 성장한 아이들은 신체적으로 더 건강하게 자라고, 학교에서 공부도 더 잘한다는 연구 결과가 있다. 반대로 애정이 결핍된 아이들은 신체적인 성장은 물론 정신적인 성장에도 더 많은 어려움을 겪는다고 한다. 이런 아이들은 어른이 된 후에도 애정 표현에 어려움을 겪을 것이다. 참으로 안타까운 일이다.

이제는 인생의 마지막 순간인 죽음에 대해 생각해 보자. 임종을 눈앞에 둔 사람이 친구들에게 더 이상 도움을 받을 것이 없다고 할지라도 친구들에게 둘러싸여 있으면 마음이 편안할 것이다. 이렇듯이 애정은 출생에서부터 죽음에 이르기까지 인생 전반에서 매우 중요한 역할을 한다.

다정한 성격은 마음을 더 평화롭고 차분하게 만들 뿐만 아니라 몸에도 긍정적인 방향으로 영향을 미친다. 반면에 미움·질투·두려움은 마음의 평화를 깨뜨리고 마음을 불안하게 하며, 몸에도 나쁜 영향을 준다. 우리 몸도 마음의 평화를 필요로 하며 불안한 마음과는 잘 어울리지 못한다. 인간은 선천적으로 마음의 평화를 추구한다는 것을 알 수 있다.

그러므로 공격적인 본성이 우리 삶의 일부이기도 하겠

지만 삶의 주된 힘은 애정이라고 나는 생각한다(이런 생각에 동의하지 않는 사람들도 있을 수 있다.). 그래서 인간의 본성인 착한 마음을 강화하는 것이 가능하다고 여긴다.

자비의 중요성은 지성적인 추론을 통해서도 증명할 수있다. 내가 다른 사람에게 관심을 보이고 돕는다면 그 결과로 내가 이익을 얻을 것이다. 반대로 내가 다른 사람들을 해친다면 그 결과로 내가 곤란에 빠질 것이다. 나는 종종 농담 반 진담 반으로 이런 말을 한다. "정말로 이기적인사람이 되고 싶으면 어리석은 이기주의자 보다는 현명한이기주의자가 되라." 우리의 지성을 잘 활용하면 현명하게이기적일 수 있다. 지성은 우리로 하여금 마음가짐을 바꿀수 있도록 하고, 또 자비롭게 사는 것이 어떻게 이로운지에대해 통찰할 수 있도록 한다. 그래서 자비로운 것이 궁극적으로는 자신을 위하는 것이라고 할 수 있다.

이런 맥락에서 나는 이기심이 나쁘다고 생각하지 않는다. 자신을 사랑하는 것은 중요하다. 우리가 자신을 사랑하지 않는데 어떻게 타인을 사랑할 수 있는가? 자비심에대해 오해를 하는 사람들이 있다. 자비를 자신의 이익을완전히 포기하고 것—자신의 이익을 희생하는 것—으로 생각하는데 그렇지 않다. 진실한 사랑은 제일 먼저 자신을 사랑하는 데서 시작된다.

자아라는 느낌에는 두 종류가 있다. 하나는 다른 사람들을 해치는 데 주저함이 없는 자아이다. 부정적이고, 말썽을 일으키는 자아이다. 다른 하나는 결단력과 의지력과 자기 확신에 기반을 두고 있는 자아이다. 이 느낌의 자아는 반드시 필요하다. 이것이 없으면 인생의 과제를 실행하는 데 있어 필요로 한 확신을 어떻게 발전시킬 수 있는가? 마찬가지로 욕망에도 두 종류가 있다. 하지만 미움은 다르다. 언제나 부정적이고, 조화를 깨트린다.

어떻게 하면 미움을 사라지게 할 수 있을까? 미움은 대개 분노가 일어난 다음에 생긴다. 분노는 반발하는 것에서 일어나며 서서히 미움으로 발전한다. 이 대목에서 분노가 부정적인 감정이라는 것을 아는 것이 중요하다. 분노가 감정의 일부이기에 밖으로 표출하는 것이 더 낫다고 하는 사람들도 있는데 나는 잘못된 판단이라고 생각한다. 과거에 일어났던 일 때문에 슬픔이나 원한을 품고 지낼 수도 있고, 마음속에 품고 있던 그 원한이나 슬픔을 바깥으로 표출하는 것으로 감정을 해소할 수도 있다. 가능한 일이다.

그러나 이보다는 왜 본인이 분노를 하는지 분석한 다음에 세월이 흐르면서 분노가 서서히 사라지도록 하는 것이 더 낫다. 내 경험으로 비추어 보면 분노는 부정적인 감정이며 분노를 느끼지 않는 편이 훨씬 낫다고 여기는 것이 최선의 방법이다. 이 생각 자체가 큰 차이를 만들 것이다.

분노가 일어나려고 하는 순간, 분노의 대상을 다른 관점에서 보는 훈련을 할 수 있다. 화를 내는 사람이나 화가 나게 하는 상황은 기본적으로 상대적이다. 하나의 관점에서 보면 나를 화나게 하지만 다른 관점에서 보면 우리는 그 속에서 좋은 점을 발견할지도 모른다. 예를 들어, 티베트 사람들은 조국을 잃고 망명객이 되었다. 우리의 상황을 망명객 관점에서 보면 좌절하고 슬퍼야 한다. 하지만 조국을 잃었기에 새로운 기회—다른 종교를 가진 사람들을 만나고, 티베트 불교를 알릴 기회가 주어진 것 등등—를 접할 수 있었다. 보다 융통성 있게 사물들을 바라보는 방식을 발전시킨다면 우리는 균형 잡힌 마음가짐을 발달시킬 수 있게 되었다. 이것이 한 방법이다.

또 다른 예를 들어 보자. 우리가 병에 걸렸다고 가정해 보자. 병에 대해 생각을 하면 할수록 좌절감이 더 심해질 수 있다. 이럴 때 최악의 상태와 현재의 상태를 비교한다거나 더 심각한 병에 걸렸을 경우와 현재의 병을 비교하면 상당히 도움이 된다. 이런 식으로 현재 처한 상황보다 더 나쁜 상황에 처할 수도 있다는 것을 인식하면 스스로를 위로할 수 있다. 여기서 다시 상황의 상대성을 보는 것을 수련한다. 자신이 처한 상황을 더 나쁜 상황과 비교하면 좌절감은 바로 줄어든다.

어려움에 처했을 때도 마찬가지다. 어려운 상황을 가까이에서 보면 커 보일 수도 있지만 다소 떨어져서 넓은 관점에서 보면 작아 보인다. 이런 방식으로 더 넓은 관점으로 상황을 바라보는 훈련을 한다면 어려운 상황에 직면할 때 좌절감을 줄일 수 있다. 끊임없는 노력이 필요하겠지만 이런 식으로 계속 노력을 하다 보면 분노도 줄어든다는 것을 알 수 있다. 그리고 동시에 자비로운 마음이 커지고, 훌륭한 잠재력도 증대된다. 이 두 가지 접근법을 통해 나쁜 사람이 좋은 사람이 될 수 있다. 이것이 사람을 좋은 방향으로 변화시키기 위해 우리가 사용하는 방법이다.

종교적 믿음은 이와 같은 특성을 확대시키는 데 큰 도움이 된다. 오른쪽 뺨을 때리면 왼쪽 뺨을 내밀라는 성경의 가르침은 관용의 수행을 명백히 보여 주는 것이라 하겠다. 내가 보기에 성경에 실린 가르침의 핵심은 동료인 인간을 사랑하는 것이며 사랑을 많이 베풀어야 하는 까닭은 신을 사랑하기 때문인 것 같다. 이것을 나는 무한한 사랑을 지니는 것으로 이해한다. 이런 종교적 가르침은 매우 강력해서 우리 인간이 지니고 있는 좋은 품성을 계발하고 확장하는 데 큰 힘을 발휘한다. 특히 불교의 접근법은 매우 확실한 방법을 제시한다. 우선 모든 중생이 동등하다고 생각하려고 노력한다. 그 다음에는 모든 중생의 삶이 자신의 삶과 마찬가지로 소중하다고 여기고, 이를 통해 타인에 대한 배려를 발달시킨다.

종교적 믿음이 없는 사람의 경우는 어떨까? 종교를 믿고 안 믿고는 개인의 선택이다. 종교를 믿지 않아도 잘 살 수 있고, 어떤 의미로는 삶을 더 간명하게 할 수도 있다! 하지만 종교에 관심이 없는 사람이라고 해도 인간의 좋은 품성이 지니고 있는 가치를 무시해서는 안 된다. 인간 사회의 일원인 한 우리는 자비가 필요하다. 자비가 없으면 우리는 행복할 수 없다. 우리 모두는 행복을 바라고, 행복한 가족과 친구들을 갖고 싶어 한다. 따라서 우리는 자비와 애정을 길러야 한다. 정신에는 두 가지 차원이 있다. 종교에 대한 믿음이 있는 경우와 종교에 대한 믿음이 없는 경우이다. 종교에 대한 믿음이 없는 경우, 우리는 단지 따뜻한 마음을 가진 사람이 되려고만 한다.

우리가 자비로운 마음을 발달시키고 나면 비폭력은 저절로 따라온다는 것도 기억해야 한다. 비폭력은 외교적인 발언이 아니라 행동하는 자비를 가리킨다. 마음에 미움이 있으면 행동은 대체로 폭력적이다. 반면에 마음에 자비심이 있으면 행동은 비폭력적이다.

앞서 말한 것처럼 인간들이 이 세상에서 사는 한 항상 의견 충돌과 갈등은 존재할 것이다. 우리는 그것을 기정사실로 받아들여야 한다. 의견 충돌과 갈등을 줄이기 위해 폭력을 휘둘러야 한다면 우리는 매일 폭력을 지켜보아야 할 것이다. 아주 끔찍한 일이다. 더욱이 폭력으로 의견 충돌을 없애는 것은 실제로 불가능하다. 폭력은 더 많은 원한과 불만을 불러올 뿐이다.

반면에 비폭력은 대화를 의미한다. 의사소통하기 위해 언어를 사용하는 것을 의미한다. 그리고 대화는 타협을 의미한다. 화합을 이루기 위해 타인의 의견을 듣고, 타인의 권리를 존중하는 것이다. 누구도 일방적인 승자가 되지 않아야 하고, 누구도 일방적인 패자가 되지 않아야 한다. 대화는 현실적인 방법이다. 그리고 유일한 방법이다. 세계가 점점 좁아지고 있는 오늘날, '우리'와 '그들'이라는 사고방식은 시대에 뒤진 개념이다. 우리의 이익이 그들의 이익과 무관하다면 일방적인 승자나 일방적인 패자가 되는 것이 가능하다. 하지만 실제로는 우리 모두가 서로 의존하기 때문에 우리의 이익과 그들의 이익은 긴밀하게 연결되어 있다. 그러니 어떻게 우리가 일방적으로 이익을 볼 수 있겠는가? 그것은 불가능하다. 반반씩 나누든지, 이쪽은 60퍼센트, 저쪽은 40퍼센트로 나눠야 한다. 이렇게 접근하지 않으면 화합은 불가능하다.

오늘날 세계의 현실은 우리가 이런 식으로 생각해야 할 필요가 있다는 것을 보여 주고 있다. 이것이 나의 접근법—중도(中道)의 접근법—의 토대이다. 티베트 인들은 일방적인 승리를 얻을 수는 없을 것이다. 티베트 인들이 원하든 원하지 않든 우리의 미래는 중국에 많이 의존해야 하기 때문이다. 그러므로 나는 화합의 정신으로, 진실한 대화가 가능하도록 이익을 공유할 것을 주장한다. 타협이 유일한 방법이다. 비폭력적인 수단을 통해서 우리는 의견, 감정, 그리고 권리를 공유할 것이고 이와 같은 방식만이 문제를 해결할 수 있다.

나는 20세기를 학살의 세기, 전쟁의 세기라고 부르곤 한다. 과거 그 어느 시대보다 20세기에는 많은 갈등이 존재했고, 많은 학살이 자행되었고, 다양한 무기가 생겨났다.

이제 우리는 20세기에 겪었던 경험과 그 경험에서 배운 교훈을 토대로 다음 21세기는 대화의 세기가 되기를 기대해야 한다. 비폭력의 원칙은 어디에서나 실천되어야 한다. 단순히 여기에 앉아서 기도하는 것만으로는 비폭력의 시대를 만들 수 없다. 모두 실천하고, 모두 노력하고 또 노력해야 한다.

일러두기

제14 대 달라이 라마의 「걸어온 길」과 「출생에서 망명까지」는
달라이 라마 공식 홈페이지(www.dalailama.com)에 실린
영어 원문을 한국어로 옮긴 것이다.

걸어온 길

제14 대 달라이 라마 텐진 갸초^{Tenzin Gyatso}는 스스로를 "평범한 승려"일 뿐이라고 말한다. 그러나 그는 티베트 국민의 영적 지도자이다. 달라이 라마는 1935년 7월 6일에 티베트 북동부 지역인 암도의 탁첼이라는 작은 마을에서 농부의 아들로 태어났다. 라모 돈둡^{Lhamo Dhondup}으로 불리던 그는 두 살에 제13 대 달라이 라마 툽텐 갸초의 환생자로 지목되었다.

달라이 라마는 자비의 보살이자 티베트의 수호자인 관세음보살(티베트 어로는 첸렉직)의 화신으로 알려져 있다. 보살은 이미 깨달음을 얻었으나 중생을 구제하기 위해 자신의 열반을 미루고 다시 태어난 존재이다.

티베트에서 받은 교육

제14 대 달라이 라마는 여섯 살 때부터 다섯 가지 전공 과목과 다섯 가지 부전공 과목으로 구성된 사원 교육을 받았다. 전공 과목은 논리학, 변증술, 티베트 예술 및 문화, 산스크리트 어, 의학 및 불교 철학이며 불교 철학은 지혜의 완성인 반야경(Prajnaparimita), 중도 철학을 설명한 중관론(Madhyamika), 승려의 계율을 설명한 율장(Vinaya), 형이상학인 아비달마Abidharma, 논리와 인식론(Pramana)으로 세분화되어 있다. 다섯 가지 부전공 과목은 시, 음악과 연극, 천문학, 작곡, 언어이다. 달라이 라마는 스물네 살이 되던 해인 1959년, 연례 축제인 몬람Monlam(기도) 기간에 라싸에 있는 조캉 사원에서 마지막 시험을 치렀으며, 최고 성적으로 시험을 통과하여 불교 박사 학위에 해당하는 게시 하람파Geshe Lharampa를 받았다.

지도자로서 책임

1949년과 1950년에 두 차례에 걸쳐 중국의 침략을 받은 다음, 달라이 라마는 모든 정치적 권한을 맡게 된다. 1954년에는 중국 지도자 마오쩌둥·덩샤오핑·저우언라이과 평화 협상을 하기 위해 베이징을 방문하기도 했다. 그러나 중국 공산당은 1959년 라싸에서 일어난 티베트 인들의 대규모 시위를 잔혹하게 탄압하였으며 이 과정에서 달라이 라마는 어쩔 수 없이 망명길에 오르게 되었다. 그때부터 지금까지 달라이 라마는 인도 북부에 있는 다람살라에 머물고 있다.

중국이 티베트를 점령한 이후, 달라이 라마가 이끄는 중앙 티베트 행정부는 유엔에 구제 요청을 하였으며 1959년, 1961년, 1965년 세 차례에 걸쳐 유엔 총회에서 티베트를 위한 결의안이 채택되었다.

민주화를 위한 과정

달라이 라마는 1963년에 티베트 민주 헌법 초안을 발표하였으며 티베트 행정부의 민주화를 위해 수많은 개혁을 실시하였다. 이러한 개혁의 결과로 「망명 티베트 인 헌장」으로 명명되는 새로운 민주 헌법이 반포되었다. 이 헌장은 언론·신앙의 집회와 결사의 자유를 보장하고 있으며 망명 티베트 인을 위한 티베트 정부의 기능에 대한 세부적인 지침을 명시하고 있다.

중앙 티베트 행정부는 1992년에 미래 자유 티베트의 헌법에 관한 지침을 발표하였다. 이 지침에서는 티베트가 독립을 했을 때 당면 과제는 임시 정부를 설립하는 것이며 임시 정부의 첫 번째 임무는 티베트 민주 헌법을 구성하고, 채택할 헌법 제정 의회를 수립하는 것이라고 명시하고 있다. 달라이 라마는 또한 과거의 우창, 암도, 캄 지방을 민주적인 연방으로 구성하기를 희망한다고 언명하였다.

1990년 5월, 달라이 라마가 제창한 개혁의 결과로 망명 티베트 공동체를 위한 완전한 민주적 행정부가 갖추어졌다. 기존에 달라이 라마가 임명권을 가지고 있던 티베트 내각(캬샥Kashag)은 제10 대 티베트 국민의회(티베트 망명 의회)로 흡수되었다. 같은 해에 인도와 다른 33개국에 거주 중인 망명 티베트 인들은 1인 1투표 원칙에 따라 확대된 제11 대 티베트 의회 의원 46명을 선출하였다. 구성된 의회는 새로운 내각 각료들을 선출하고, 2001년 9월에 티베트 유권자들은 내각 최고 지도자인 수상(카론 틱파)을 직접 선출함으로써 민주화를 위한 더욱 큰 기틀을 마련하였다. 카론 틱파는 티베트 의회의 동의를 얻어 내각 각료를 임명하였다. 이것은 유구한 티베트 역사 이래 일반 민중이 정치적 지도자를 직접 선출한 첫 번째 선거였다. 선거를 통해 카론 틱파 수상이 선출되면서 영적, 정치적 통치자로서 달라이 라마의 간덴 포랑Gaden Phodrang 정부는 막을 내리게 되었다. 달라이 라마는 이를 절반의 은퇴로 표현한다.

평화를 위한 구상

1987년 9월 21일, 달라이 라마는 워싱턴에서 열린 미국 의회 연설에서 점점 악화되고 있는 티베트 상황을 평화적으로 해결하기 위한 첫 걸음으로 티베트를 위한 「5대 주요 평화 계획(Five-Point Peace Plan for Tibet)」을 제안하였다. 평화 계획의 다섯 가지 기본 요소는 다음과 같다.

달라이 라마는 1988년 6월 15일, 스트라스브로에서 열린 유럽 의회에서 다섯 가지 안을 제시하고 5대 주요 평화 계획의 마지막 부분에 대해서는 별도로 구체적인 제안을 내놓았다. 티베트 전체 3개 지역—우창·암도·캄—에서 정치적 민주 자치권을 이끌어 내기 위해 중국과 티베트 간 대화를 제안했다. 자치 운영 주체는 중국과 연합을 할 것이며, 중국은 이 지역에 대한 외교 및 국방에 대한 권한을 유지할 것이라고 천명했다.

세계적인 평화의 상징

달라이 라마는 평화의 상징이다. 그는 티베트 자유를 위한 비폭력 투쟁에 대한 공로를 인정받아 1989년 노벨 평화상을 수상하였다. 달라이 라마는 최악의 상황에서도 비폭력적인 독립운동을 견지하였으며, 전 세계적인 환경 문제를 기반으로 하는 첫 번째 노벨 평화상 수상자이기도 하다.

달라이 라마는 전 세계 6대륙, 67개 국가를 방문하였다. 평화, 비폭력, 종교간 이해, 보편적 책임, 자비에 대해 메시지를 세상에 전한 공로로 150개가 넘는 상을 받았으며, 다양한 명예 학위를 받았다. 120여 권의 책을 저술하기도 했다.

달라이 라마는 각 종교계 지도자들과 교류하고 종교 간 화합과 상호 이해를 증진하는 수많은 행사에 참석하였다.

1980년대 중반부터는 심리학, 신경 생물학, 양자 역학, 우주론 분야의 현대 과학자들과 교류를 하기 시작했다. 이는 개개인이 마음의 평화를 얻을 수 있도록 하기 위한 승려와 일류 과학자의 역사적인 협력으로 이어졌다. 이를 통해 망명 이후에 재건된 티베트 불교 교육 과정에 현대 과학 이론이 도입되기도 했다.

정치적 은퇴

2011년 3월 14일, 달라이 라마는 티베트 국민 대표 회의(망명 티베트 의회)에 세속적 정치권력을 의회에 이양하겠다는 서한을 보냈다. 망명 티베트 인 헌장에 따르면 여전히 달라이 라마는 티베트 망명 정부의 수장이었기 때문이다. 달라이 라마의 역사적 발표로 정치적 지도자와 영적 지도자의 본분을 동시에 수행하던 달라이 라마의 권한은 막을 내렸으며, 달라이 라마가 티베트의 영적 지도자로서 권한만 가졌던 초기 4대 달라이 라마 시대로 회귀하게 되었다. 민주적으로 선출된 지도자가 공식적인 티베트 정치 지도자로서 권한을 갖게 되었다. 하지만 달라이 라마를 보좌하는 공식 기구인 간덴 포당Ganden Phodrang은 없어지지 않고 유지되고 있다.

2011년 5월 29일, 달라이 라마는 자신의 정치적 권한을 민주적으로 선출된 정치 지도자에게 권한을 이양하는 법안에 서명을 하였다. 이를 통해 달라이 라마가 티베트의 정치적 수장과 영적 수장을 동시에 맡아 온 368년간의 오랜 전통이 막을 내렸다.

미래

제14 대 달라이 라마는 1969년부터 달라이 라마의 환생 제도에 대한 지속 여부를 관계자들이 결정해야 한다고 공언해 왔다. 그러나 명확한 지침이 없으며, 대중이 달라이 라마의 존재가 지속되기를 간절히 원하는 상황에서 자칫 환생 제도가 정치적으로 악용될 위험이 있기 때문에 이를 미연에 방지하기 위해 2011년 9월 24일, 차기 달라이 라마를 찾는 데 사용될 공정하고 명확한 지침을 발표하였다.

달라이 라마는 90세 즈음에 티베트 불교를 이끄는 여러 종파의 지도자들, 티베트 국민, 티베트 불교를 신봉하는 이들과 함께 달라이 라마 전통의 지속 여부에 대해 논의할 것이라고 밝혔다. 그리고 그 결과를 바탕으로 환생 여부를 결정할 것이라고 한다. 만약 달라이 라마의 환생이 필요한 것으로 결정되고 제15 대 달라이 라마의 필요성이 인식된다면 환생자를 찾는 일은 간덴 포당의 담당자들이 일차적인 책임을 맡게 될 것이다. 그들은 티베트 불교 지도자들과 달라이 라마 법맥과 연결되어 있는 믿을 만한 호법 신장(Dharma Protector)들의 조언을 바탕으로 전통에 따라 환생자를 찾고 인정하는 절차를 수행해야 한다. 달라이 라마는 이에 관한 명확한 참고 문서를 작성해 둘 것이다. 이러한 법적 절차에 따라 환생자를 찾는 일과 별개로 중국을 포함해 정치적 목적으로 지목한 환생자 후보는 절대 받아들여지지 않을 것임을 천명한다.

탄생에서 망명까지

평범한 탄생

태어날 당시 제14대 달라이 라마의 이름은 라모 돈둡이었다. 라모 돈둡은 소원을 들어주는 여신이라는 뜻이다. 포효하는 호랑이라는 뜻을 가진 탁첼은 넓은 계곡이 내려다보이는 산 중턱에 위치한 작은 마을이다. 마을 주변 목초지는 악천후 탓에 농사를 짓기 어려운 땅이라 주로 유목민들이 가축을 위한 초지로만 사용했다. 달라이 라마는 자서전에서 "내가 어렸을 때 우리 가족은 스무 가구쯤 되는 우리 마을 다른 집과 마찬가지로 근근이 먹고 사는 편이었다."라고 기록하고 있다.

달라이 라마의 부모는 보리, 메밀, 감자를 재배하던 가난한 농부였다. 아버지는 중간 체격에 성격이 불같은 분이었는데 "한번은 아버지의 수염을 잡아당겼다가 호되게 혼난 적이 있었다."라고 달라이 라마는 회상한다. 그러나 아주 친절한 사람으로 결코 남에게 원한을 사거나 하는 일은 없었다. 어머니는 "이제껏 만난 사람 중에 가장 자상한 사람"이었다고 달라이 라마는 기억한다. 달라이 라마의 어머니

는 총 열여섯 명의 자식을 낳았는데 그 가운데 일곱 명만
이 살아남았다.

　달라이 라마에게는 누이가 둘, 형제가 넷이 있다. 달라
이 라마보다 열여덟 살이나 많은 맏누이 체링 돌마는 달
라이 라마가 태어났을 때 산파 역할을 했으며 어머니를 도
와 가사를 돌봤다. 달라이 라마는 "내가 막 태어났을 때
한 쪽 눈이 완전히 떠지지 않은 것을 보고 누나가 주저 없
이 엄지손가락으로 내 눈꺼풀을 벌렸다고 하는데 다행히
별 문제는 없었다."라고 회상한다. 체링 돌마와 달라이 라
마 사이에는 세 명의 형 둡텐 직메 놀부·걀로 돈둡·롭상
삼덴이 있다. 큰 형인 둡텐 직메 놀부는 탁첼 린포체의 환
생이었다. 달라이 라마의 남동생인 텐진 최걀은 아리 린포
체의 환생이다.

　"내가 여느 아이들과 달리 특별한 존재라고 생각하는 사
람은 아무도 없었다. 한 가정에 툴쿠Tulku가 두 명씩이나 태
어날 것이라고 생각하기는 어렵기 때문에 아마 내 부모님
은 내가 달라이 라마일 것이라고 상상도 못했을 것이다."
달라이 라마가 태어날 당시 큰 병을 앓고 있던 아버지가
자리를 털고 일어나는 일이 있었는데 모두들 이를 상서롭

게 여기긴 했지만 큰 의미를 두지는 않았다. "미래에 어떤 일이 일어날 것인지에 대한 특별한 암시는 나에게도 없었다. 내 어린 시절은 지극히 평범하다." 달라이 라마가 기억하는 어린 시절은 편을 갈라 싸우는 아이들을 보면 약한 쪽에 힘을 보태 주기 위해 친구들을 유심히 살폈던 것이라고 한다.

"나는 특히 어머니를 따라 닭장에 들어가 어머니가 달걀 줍는 모습을 보는 걸 좋아했다. 암탉 둥지에 쭈그리고 앉아 닭 울음소리를 흉내 내곤 했다. 어렸을 때 내가 즐겨 했던 일 가운데 하나는 당장이라도 먼 곳으로 떠날 것처럼 짐을 싸는 것이었다. 그리고는 '나는 라싸에 갈 거야, 라싸에 갈 거야.'라고 말하곤 했다. 항상 식탁의 상석에 앉겠다고 고집을 피웠는데 이것이 내가 특별한 존재의 운명을 갖고 타고났음을 암시했다는 것을 나중에 알게 되었다."

달라이 라마는 흰 연꽃을 들고 있는 자비의 보살인 관세음(Avalokiteshvara 또는 Chenrezig)의 화신으로 여겨지는 이전 13명 달라이 라마(1391년에 처음 태어남)의 환생이다. 달라이 라마는 석가모니 부처님 시절에 살았던 브라만 가문의 74대 자손인 첸레직의 화신으로 여겨지기도 한다. "나는 종종 '정말로 환생했다고 믿는가?'라는 질문을 받는다. 이것은 간단히 답할 수 있는 문제는 아니다. 하지만 지금까지 쉰여섯 해를 살아오면서 경험한 것과 내 믿음을 바탕으로 하면 이전 13명의 달라이 라마와 첸레직 그리고 부처님과 영적으로 연결되어 있다는 사실을 받아들이는 데 큰 어려움은 없다."

달라이 라마로 발견

라모 돈둡이 두 살 때, 제13 대 달라이 라마의 새로운 환생을 찾기 위해 티베트 정부가 파견한 수색대가 쿰붐 사원에 도착했다. 수색대는 여러 가지 징표를 바탕으로 그곳을 찾았는데, 징표 가운데13대 달라이 라마 툽텐 갸초의 등신불과 관련된 것이다. 13대 달라이 라마는 1933년, 쉰일곱 나이를 일기로 열반에 들었다. 가부좌를 한 채 남쪽을 바라보고 있던 시신의 머리가 북동쪽으로 틀어진 것이 발견되었는데, 그 직후에 섭정을 맡고 있던 스님이 계시를 받았다. 섭정은 티베트 남부에 위치한 라모 라초라는 성스러운 호수 물 위로 티베트 글자로 아^{Ah}, 카^{Ka}, 마^{Ma}가 선명하게 떠오른 것을 보았다. 그리고 산중턱으로 오른 길에 위치한, 터키석과 금으로 지붕을 장식한 3층짜리 사원의 모습이 보였다. 그리고 처마의 빗물받이 홈통이 특이한 작은 집 한 채가 보였다. 그는 '아'라는 글자가 티베트 북동부 지방인 암도를 뜻하는 것이라고 확신하고 그곳으로 수색대를 보냈다.

수색대가 쿰붐 사원에 도착했을 때 그들은 자신들이 제대로 찾아왔음을 알았다. 글자 '아'는 암도^Amdo를 뜻하는 것이었고, '카'는 청록색 지붕을 가진 3층짜리 건물인 쿰붐^Kumbum 사원을 가리키는 것이었다. 이제 그들이 해야 할 일은 언덕과 특이한 홈통을 가진 집을 찾는 것이었다. 주변 마을을 수색하던 수색대는 지붕 위에 울퉁불퉁하게 비틀린 향나무가 있는 달라이 라마 부모님 집의 지붕을 보는 순간, 바로 그곳에 달라이 라마가 있다고 확신했다. 하지만 수색대는 신분을 감춘 채 그 집에서 하룻밤 머물기를 청했다. 수색대 대장인 게창 린포체는 하인인 척하며 저녁 내내 그 집의 막내를 관찰했다.

아이는 그를 알아보고는 "세라 라마, 세라 라마"하고 불렀다. 세라는 게창 린포체의 사원이었다. 다음 날 떠난 수색대는 며칠 후 정식 대표단을 이끌고 다시 마을을 방문하였다. 그들은 아이 앞에 13대 달라이 라마가 쓰던 유품을 꺼내 놓았는데, 여기에는 13대 달라이 라마의 실제 유품과 그렇지 않은 물건이 섞여 있었다. 아이는 매번 정확하게 13대 달라이 라마의 물건을 지목하면서 "이건 내 꺼야, 이건 내 꺼야!" 하고 말했다. 수색대는 달라이 라마의 새로운 환생을 찾았다고 확신을 하게 되었다. 탁첼 출신의 아이가 새로운 달라이 라마로 인정받기까지 오랜 시간이 걸리지 않았다.

라모 돈둡은 일단 쿰붐 사원으로 보내졌다. 달라이 라마는 이후에 이때를 "삶에서 그다지 행복하지 않은 날들이 시작된 시기"로 기록했는데, 이는 부모와 떨어져 낯선 환경에서 생활해야 했기 때문이다. 하지만 사원 생활에 위안이 되는 두 가지가 있었다. 하나는 달라이 라마의 바로 위에 형인 롭상 삼텐이 함께 있다는 것이고, 또 하나는 종종 어린 제자를 품에 넣고 계실 정도로 자애로운 노스님이 스승이었다는 사실이다.

라모 돈둡은 부모를 다시 만나 함께 라싸로 가게 되었다. 하지만 그 지역을 장악하고 있던 중국인 회교도 군 지도자 마부펑이 엄청난 몸값을 내기 전에는 소년을 라싸로 데

려가지 못하도록 억류를 했다. 때문에 이 여정을 시작하기까지는 18개월이 걸렸다. 마침내 1939년 여름, 부모와 형인 롭상 삼텐, 수색대와 순례자들로 구성된 대규모 행렬이 라싸를 향해 출발했다.

라싸에 도착하기까지는 3개월이 걸렸다. "눈에 보이는 모든 것에 큰 호기심을 느꼈던 나는 정말 세세한 것들도 기억한다. 평야를 가로지르던 거대한 드롱(야생 야크) 무리와 그보다 좀 작은 캉(야생 노새) 무리, 드문드문 보이던 고와, 나와 그리고 정말 가볍고 빨라서 마치 유령처럼 보이던 작은 사슴…… 때때로 눈에 띄었던 꽥꽥거리는 거위 떼도 정말 좋았다."

라모 돈둡 일행은 라싸에서 약 3킬로미터 떨어진 되구탕 평원에 마중 나와 있던 정부 고위 관료들의 영접을 받았고, 그들이 라싸까지 일행을 호위했다. 다음날, 라모 돈둡을 티베트의 영적 지도자로 추대하는 의식이 거행되었다. 의식이 끝난 후, 달라이 라마와 그의 형 롭상 삼텐은 라싸 서쪽에 위치한 달라이 라마의 여름 궁전 노불링카에 잠시 머물게 되었다.

1940년 겨울, 라모 돈둡은 티베트의 영적 지도자로 공식 추대되었던 포탈라 궁으로 거처를 옮긴다. 곧 새로이 추대된 달라이 라마는 조캉 사원으로 옮겨져 머리를 깎는다는 의미인 타훠 의식을 통해 사미계를 받았다. "이제부터 나는 머리를 깎고 고동색 법복을 입게 된다." 오랜 전통에 따라 달라이 라마는 라모 돈둡이라는 이름을 버리고 잠펠 아왕 롭상 예셰 텐진 갸초라는 새로운 이름을 얻었다.

이때부터 달라이 라마에 대한 기본 교육이 시작되었다. 교육 과정은 다섯 가지 전공 과목과 다섯 가지 부전공 과목으로 구성되어 있다.

어린 시절의 달라이 라마

1950년 여름 가극 축제가 열리기 전날, 달라이 라마는 노불링카 욕실에서 막 나오는데 땅이 흔들리는 것을 느꼈다. 지진의 강도가 상당히 컸기 때문에 사람들은 이를 단순한 자연 현상이 아니라 흉조라고 말하기 시작했다.

이틀 후, 섭정을 맡고 있던 타탁 린포체는 참도에 있던 캄 지역 지사로부터 중국군이 티베트군 주둔지를 습격했다는 보고를 받았다. 이미 지난 가을, 중국 공산주의자들이 제국주의 침략자들로부터 티베트를 해방시킨다는 명목으로 국경을 넘어 급습을 한 적이 있었다. "지금 생각하면 중국의 도발은 상당히 위협적인 것이었다. 만약 그때 중국 군의 습격이 성공했다면 군관과 장정을 다 합쳐 8,500명도 되지 않았던 우리 군대는 심각한 위험에 처했을 것이다. 우리의 군대는 당시 승승장구하던 인민 해방군의 적수가 될 수 없었다."

두 달 후인 10월, 8만 명의 인민 해방군이 참도 동쪽의 드리추 강을 건넜다는 소식이 들어왔다. 이는 티베트의 국운이 다했음을 의미했고, 이제 곧 라싸가 함락될 것이 분명했다. 겨울이 찾아오고 상황이 점점 악화되자 달라이 라마가 정치적 전권을 가져야 한다는 여론이 높아졌다. 정부는 네충 신탁을 구하기로 했다. 모두가 숨죽인 순간, 신탁은 달라이 라마의 무릎 위에 흰색 카타를 올려놓으며 투라 밥(thu-la bap 그의 시대가 도래했다는 뜻)이라고 소리쳤다. 바야흐로 제14 대 달라이 라마의 시대가 열린 것이다. 달라이 라마가 열다섯 살이 되던 1950년 11월 17일, 노불링카 궁전에서는 달라이 라마를 티베트의 정치적 지도자로 추대하는 행사가 열렸다.

달라이 라마의 추대식이 있기 2주 전인 11월 초, 그의 큰 형이 라싸에 당도하였다. "형을 보는 순간, 나는 그가 큰 고초를 당했다는 것을 알 수 있었다. 우리 가족의 고향이자 쿰붐 사원이 있는 암도 지역은 중국과 매우 근접해 있기 때문에 중국 공산당에게 일찍 점령을 당했다. 형은 사실상 사원에 포로로 잡혀 있었으며, 중국인들은 그에게 공산주의 사상을 주입시키고 온갖 방법을 동원해 종교적 신념을 저버리도록 했다. 공산당들은 형에게 중국의 통치를 수용하도록 나를 설득하라는 임무를 주어 라싸로 보냈다. 만약 내가 거부하면 나를 죽이라고 지시했다. 그 대가로 형에게 큰 보상을 약속했다."

정치 지도자로 추대되어 모든 재소자를 사면하다.

중국과 전면전을 벌여야 하는 위험에 직면한 600만 티베트 인의 지도자로서 자신의 운명을 받아들인 열다섯 살의 달라이 라마는 두 명의 수상을 새로 임명하였다. 롭상 타시가 승려 수상을 맡고, 경험 많은 행정가인 루캉와가 재속 수상에 임명되었다.

수상 두 명과 카샥(내각)에 자문을 구한 뒤 달라이 라마는 미국, 영국, 네팔에 대표단을 파견하여 티베트가 직면한 사태를 해결할 수 있도록 도움을 구하기로 결정하였다. 중국군의 철수 협상을 위해 중국에도 대표단을 보내기로 했다. 각국에 파견된 대표단은 그해 말까지 자신들의 임무를 계속하였다. "얼마 지나지 않아 중국이 군사력을 동부에 집중하자 나와 정부 고위 관료들은 티베트 남부로 이동하기로 결의를 했다. 만약 상황이 악화될 경우 국경을 넘어 인도로 쉽게 망명을 할 수 있다는 판단에서였다. 그동안 롭상 타시와 루캉와는 라싸에 남아 나 대신 정무를 보게 되었다."

달라이 라마가 시킴 지역과 인접한 드로모에 머무는 동안, 중국으로 파견된 대표단은 목적지에 도착했지만 다른 대표단들은 모두 되돌아왔다는 보고를 받았다. 영국 정부가 중국의 티베트 통치를 인정한다는 것은 믿을 수 없는 일이었다. 미국 역시 티베트를 돕지 않는다는 사실에 달라이 라마는 비통함을 느꼈다. "이것이 무엇을 뜻하는지 깨달았을 때 나는 큰 슬픔을 느꼈다. 티베트가 중국 공산당의 총공세에 홀로 맞서야 한다는 것을 의미했다."

티베트 사태에 무관심한 영국과 미국의 태도에 좌절을 느낀 달라이 라마는 중국과 전면전을 피하기 위한 마지막 방법으로 중국과 대화를 하기 위해 캄 지역의 주지사였던 나보 아왕 직메를 북경으로 보냈다. 그러나 북경에 파견된 대표단은 중국의 티베트 침공을 막기 위해 중국 지도자들을 설득하는 임무는 차치하고라도 문제 해결을 위한 어떠한 역할도 하지 못했다. 어느 날 저녁, 달라이 라마는 혼자 앉아 라디오를 듣다가 충격적인 내용을 접하게 되었다. 거칠고 딱딱한 목소리가 중화인민공화국 정부와 그들이 티베트 지방 정부라고 표현한 집단의 대표가 티베트 평화적 해방을 위해 「17개 동의안」에 오늘(1951년 5월 23일) 서명했다는 소식을 알리고 있었다. 티베트의 국새까지 위조한 중국 정부가 나보를 필두로 한 대표단에게 강압적으로 동의안에 서명하도록 한 사실이 나중에 밝혀졌다. 중국은 군사적 영향력을 이용하여 그들이 제시한 조건을 티베트가 따르도록 함으로써 쿠데타의 실제적인 성과를 거두었다. 달라이 라마는 1951년 8월 중순에 다시 라싸로 돌아갔다.

초읽기에 들어간 망명

이후 9년 동안, 달라이 라마는 중국의 전면적인 군사적 침공을 막기 위해 애쓰는 한편 티베트 저항 세력 내에서 중국에 대해 점점 커져 가는 분노를 달래는 데 주력했다. 달라이 라마는 1954년 7월에서 1955년 6월까지 평화 협상을 위한 중국 방문을 통해 마오쩌둥과 저우언라이·주더·덩샤오핑을 비롯한 중국 지도자들을 만났다. 1956년 11월부터 1957년 3월 사이에는 부처님 탄생 2,500주년 기념행사에 참석하기 위해 인도를 방문했다. 하지만 티베트인들에 대한 잔혹 행위는 점점 늘어만 갔고, 달라이 라마는 1958년에서 1959년으로 넘어가는 겨울에 라싸에서 마지막 승려 시험을 치렀다.

인도로 망명하다

1959년 3월 10일, 중국 공산당의 지앙 찬우 장군은 달라이 라마에게 중국 무용단의 공연을 보러 오라는, 언뜻 보면 순수해 보이는, 초대장을 보냈다. 하지만 티베트 군인이 달라이 라마와 동행할 수 없으며 경호원들 역시 비무장 상태여야 한다는 단서를 붙인 두 번째 초대장이 다시 왔다는 소식이 알려지자 라싸 시민들 사이에 극심한 불안감이 감돌았다. 곧 수만 명의 티베트 인들이 노불링카 궁전 주변으로 몰려들어 달라이 라마의 목숨을 위협하는 시도에 결연히 맞서기로 다짐하고 달라이 라마를 보호하기 위해 자리를 지켰다.

1959년 3월 17일, 네충 신탁을 통해 달라이 라마가 티베트를 떠나야만 한다는 분명한 계시가 내려졌다. 탈출이 성공할 가능성은 희박해 보였지만 달라이 라마가 행한 '모' 점에서도 네충 신탁과 같은 답이 나왔다.

10시가 채 못 된 시각, 티베트 군인으로 변장한 달라이 라마는 소수의 호위를 받으며 궁전 앞에 운집한 인파를 지나쳐 키추 강으로 향했다. 그리고 그곳에서 몇 명의 직계 가족을 포함한 나머지 수행단과 만났다.

망명지에서

라싸에서 탈출한 지 3주 만인 1959년 3월 30일에 인도 국경에 당도한 달라이 라마 일행은 인도 경비대의 호위를 받으며 현재 인도 아루나찰 프라데시 주에 속하는 봄딜라 마을로 향했다. 인도 정부는 이미 달라이 라마와 그 일행의 인도 망명에 동의한 상태였다. 무수리에 도착한 직후인 1959년 4월 20일, 달라이 라마는 인도 수상을 만나 망명 티베트 인의 구제에 관해 논의했다.

망명한 티베트 아이들에 대한 현대식 교육의 중요성을 알고 있던 달라이 라마는 인도 교육부 내에 티베트 아이들의 교육을 위한 독립적인 티베트 교육위원회 설립에 착수한 네루 수상에게 큰 감명을 받았다. 인도 정부는 티베트 아이들을 위한 학교를 설립하는 데 필요한 비용 전액을 부담하기로 했다.

1959년 6월 20일, 침묵을 깰 때가 되었다고 느낀 달라이 라마는 기자회견을 열어 「17개 동의안」을 공식적으로 거부한다는 의사를 표명했다. 달라이 라마는 행정 분야에서도 과감한 변화를 일으킬 수 있었다. 망명 정부 내에 정보부·교육부·국무부·안보부·종교부·경제부 등 다양한 티베트 행정 부서가 신설되었다. 거의 3만 명으로 늘어난 망명 티베트인 대부분은 북인도 산악 지대에 마련된 길가 임시 수용 시설로 옮겨 갔다.

1960년 3월 10일, 티베트 망명 정부를 구성하는 80여 명의 관료들과 함께 다람살라로 떠나기 직전에 달라이 라마는 티베트 민중 봉기 기념일에 처음으로 성명서를 발표하였다. "첫 번째 성명을 발표하면서 나는 우리 티베트 인들이 티베트 문제에 대해 장기적인 관점을 가져야 한다고 강조하는 바이다. 망명 생활을 시작한 우리가 가장 우선시해야 할 것은 이곳에 성공적으로 정착함과 동시에 우리 문화 전통을 지켜 나가는 것이다. 나는 진실과 정의와 용기가 우리의 무기이며 우리 티베트 인들이 결국에는 티베트 평화를 쟁취할 것이라는 믿음을 천명한다."

병을 진단하고, 병의 원인을 제거하고,
건강한 상태가 되면 치료가 제대로 된 것과 마찬가지로
고통도 고통의 원인을 알고, 고통의 원인을 제거하고
고통이 사라진 상태가 되면 수행이 완성된 것이다.

달라이 라마 사성제

초판 1쇄 발행 2017년 11월 20일

지은이　제14 대 달라이 라마 텐진 갸초
옮긴이　주민황

발행처　하루헌
발행인　배정화
　주소　서울시 서초구 방배로 43길 5, 1-1208 (우편번호 06556)
　전화　02-591-0057
홈페이지　www.haruhunbooks.com
이메일　haruhunbooks@gmail.com

공급처　(주)북새통
　주소　서울시 마포구 동교로 18길 10 (우편번호 04030)
　전화　02-338-0117
　팩스　02-338-7160
이메일　thothbook@naver.com
디자인　로컬앤드

པར་རྟོགས་པའི་བྱུང་ཁུབ་མཆོན་པར་རྟོགས་པར་སངས་རྒྱས་སོ་ཞེས་བྱ་བར་མ་ཤེས་སོ། །དགེ་སློང་
དག །ངས་གང་ནས་འཁགས་པའི་བདེན་པ་བཞི་པོ་འདི་རྣམས་ལ་དེ་ལྟར་ལན་གསུམ་དུ་བཟླས་དེ།
རྣམ་པ་བཅུ་གཉིས་སུ་བསྒྱུར་བའི་མིག་སྐྱེས་ཤིང་། ཤེས་པ་དང་། རིག་པ་དང་། བློ་དང་། རྟོགས་
པ་སྐྱེས་པ་དེ་ནས་ང་ལ་དང་བ་ཅུམ་པའི་འཇིག་རྟེན། བདུད་དང་བཅས། ཚངས་པ་དང་བཅས།
དགེ་སློང་དང་། བྲམ་ཟེར་བཅས་པའི་སྐྱེ་དགུ་དང་། ལྷ་དང་། མིར་བཅས་པ་འདི་ལས་གྲོལ་བ་
དང་། ཐེས་པར་འབྱུང་བ་དང་མི་ལྡན་ས་དང་། རབ་ཏུ་གྲོལ་བ་དང་། ཕྱིན་ཅི་ལོག་དང་བྲལ་བའི་
སེམས་ཀྱིས་མང་དུ་གནས་པར་གྱུར་ཅིང་། དགེ་སློང་དག །ངས་དེ་ནས་བླ་ན་མེད་པ་ཡང་དག་པར་
རྟོགས་པའི་བྱུང་ཁུབ་མཆོན་པར་རྟོགས་པར་སངས་རྒྱས་སོ་ཞེས་བྱ་བར་ཤེས་སོ། །ཚེ་ཀྱི་རྣམ་
གྲངས་དེ་བཀའ་སྩལ་པ་ན་ཆེ་དང་ལྡན་པ་ཀོཎྜི་ཉ་དང་། ལྷ་བརྒྱ་ཕྱི་ཚོས་རྣམས་ལ་ཆོས་ཀྱི་མིག་
རྡུལ་མེད་ཅིང་དྲི་མ་དང་བྲལ་བ་སྐྱེས་སོ། །དེ་ནས་བཅོམ་ལྡན་འདས་ཀྱིས་ཆེ་དང་ལྡན་པ་ཀོཎྜི་ཉ་ལ་
བཀའ་སྩལ་པ། ཀོཎྜི་ཉ། ཁྱོད་ཀྱིས་ཆོས་ཀུན་ཤེས་སམ། བཅོམ་ལྡན་འདས། ཀུན་འཆལ་ལོ། །
ཀོཎྜི་ཉ། ཁྱོད་ཀྱིས་ཀུན་ཤེས་སམ། ཀུན་ཤེས་སམ། བདེ་བར་གཤེགས་པ། ཀུན་འཆལ་ལགས་
སོ། །ཀུན་འཆལ་ལགས་སོ། །ཚོ་དང་ལྡན་པ་ཀོཎྜི་ཉས་ཆོས་ཀུན་ཤེས་པས་དེའི་ཕྱིར་ཚེ་དང་ལྡན་པ་
ཀོཎྜི་ཉ་ཀུན་ཤེས་ཀོཎྜི་ཉ་ཞེས་ཚོ་བྱ་དགས་སུ་བཏགས་སོ། །ཚོ་དང་ལྡན་པ་ཀོཎྜི་ཉས་ཆོས་ཀུན་
ཤེས་སོ་ཞེས་ས་བླའི་གནོད་སྦྱིན་རྣམས་སྒྲ་གྲགས་པར་བྱེད་དེ། གྲོགས་པོ་དག། བཅོམ་ལྡན་འདས་
ཀྱིས་ལྷ་ར་ཀྲ་སྤྱིར་དང་སྤོང་བྱ་བའི་རི་དགས་ཀྱི་ནགས་སུ་ལན་གསུམ་བཟླས་དེ་རྣམ་པ་བཅུ་གཉིས
སུ་ཆོས་ཀྱི་འཁོར་ལོ་ཆོས་དང་ལྡན་པ་དག་སྐོང་ངམ། བྲམ་ཟེའམ། ལྷའམ། བདུད་དམ། ཚངས་
པའམ། སུས་ཀྱང་འཇིག་རྟེན་དུ་ཆོས་དང་མཐུན་པར་མ་བསྐོར་བ། སྤྲོ་བོ་མང་པོ་ལ་ཕན་པ་དང་།

སྐྱེ་བོ་མང་པོ་ལ་བདེ་བ་དང་། འཇིག་རྟེན་ལ་སྙིང་བརྩེ་བ་དང་། ལྷ་དང་། མི་རྣམས་ཀྱི་དོན་དང་། ཕན་པ་དང་། བདེ་བའི་ཕྱིར་བསྐོར་བས་ལྟའི་རིས་མཚོན་པར་འཕེལ་ཞིང་ལྟ་མ་ཡིན་གྱི་རིས་ཡོངས་སུ་ཉམས་སོ་ཞེས་བྱུངས་སྨྲགས་སོ། །ལ་བྲུའི་གནོད་སྦྱིན་རྣམས་ཀྱི་སྤྱ་གྲོས་ནས་རྣམ་ཀ་གཏའ་བ་རྒྱ་བའི་གནོད་སྦྱིན་དང་། རྒྱལ་ཆེན་བཞི་པོའི་རིས་དང་། སུམ་ཅུ་རྩ་གསུམ་པོའི་ལྷ་དང་། འཐབ་བྲལ་དང་། དགའ་ལྡན་དང་། འཕྲུལ་དགའ་དང་། གཞན་འཕྲུལ་དབང་བྱེད་ཀྱི་ལྷ་རྣམས་རྣམ། ཤིན་ཏུ་དེ་དང་། ཐབ་ཅིག་དེ་དང་། ཡུད་ཚོམ་དེ་དང་། སྣང་ཅིག་དང་། ཐབ་ཅིག་དང་། ཡུད་ཚོམ་དེ་ལ་ཚོམ་པའི་འཇིག་རྟེན་གྱི་བར་དུ་སྨྲ་སྐྱགས་སོ། །ཚངས་རིས་ཀྱི་ལྷ་རྣམས་ཀྱིས་ཀྱང་སྨྲ་སྒྲོགས་པར་བྱེད་དེ། གྱོགས་པོ་དག །ཚོམ་ལྷན་འདས་ཀྱིས་སྣ་ར་ཚུ་སེར་དང་སྦོང་སྦྲ་བའི་རེ་དགས་ཀྱི་གནས་སུ་ལན་གསུམ་དུ་བརྐྱས་ཏེ་རྣམ་པ་བཅུ་གཉིས་ཀྱི་ཚོས་ཀྱི་འཕོར་ལོ་ཚོས་དང་ལྷན་པ་དགེ་སྐྱོང་ངག །བྲས་ཤིང་ས། ཟལ་ས། བདུ་དས། ཚངས་པ་ལས། སུམ་ཀྱང་འཇིག་རྟེན་དུ་ཚོས་དང་མཐུན་པར་འགག་ཡང་མ་སྨྲོར་བ། སྐྱེ་བོ་མང་པོ་ལ་ཕན་པ་དང་། སྐྱེ་བོ་མང་པོ་ལ་བདེ་བ་དང་། འཇིག་རྟེན་ལ་སྙིང་བརྩེ་བ་དང་། ལྷ་དང་། མི་རྣམས་ཀྱི་དོན་དང་། ཕན་པ་དང་། བདེ་བའི་ཕྱིར་བསྐོར་བས་ལྟའི་རིས་མཚོན་པར་འཕེལ་ཞིང་ལྟ་མ་ཡིན་གྱི་རིས་ཡོངས་སུ་ཉམས་སོ་ཞེས་དབྱངས་བསྒྲགས་སོ། །བཅོམ་ལྡན་འདས་ཀྱིས་སྣ་ར་ཚུ་སེར་དང་སྦོང་སྦྲ་བའི་རེ་དགས་ཀྱི་ཀགས་སུ་ལན་གསུམ་དུ་བརྐྱས་ཏེ་རྣམ་པ་བཅུ་གཉིས་སུ་ཚོས་ཀྱི་འཕོར་ལོ་ཚོས་དང་ལྷན་པ་བསྐོར་བས་དེའི་ཕྱིར་ཚོས་ཀྱི་རྣམ་གྲངས་འདི་ལ་ཚོས་ཀྱི་འཕོར་ལོ་བསྐོར་བ་ཞེས་ཚིག་བླ་དགས་སུ་བདགས་སོ། །ཚོས་ཀྱི་འཕོར་ལོའི་མདོ་ཚོགས་སོ།།